LE «MODÈLE SUÉDOIS» REVISITÉ

Fidèle à sa volonté de maintenir vivant l'ensemble du catalogue et de continuer à rendre accessible à tous la richesse de son contenu, Les marques du groupe L'Harmattan proposent les ouvrages, même s'ils sont épuisés dans leur premier tirage, et les impriment à la demande.
Au vu de l'ancienneté de ce titre, un exemplaire original a été numérisé pour être réimprimé, ce qui pourrait altérer légèrement la qualité de certains passages.

En couverture : dessin publié dans le *Social-Demokraten* du 1er mai 1899. La bannière appelle à l'unité prolétarienne; elle demande la journée de huit heures et le suffrage universel.

ISBN : 2-7384-1142-8

Jacques ARNAULT

Le «modèle suédois» revisité

Éditions l'Harmattan
5-7 rue de l'Ecole-Polytechnique
75005 Paris

DU MÊME AUTEUR

Aux Editions de la Nouvelle Critique :

Procès du colonialisme (1958)

Cuba et le marxisme (1962)

Du colonialisme au socialisme : Hanoï, La Havane, *Alger, Bamako, Conakry, Accra* (1966)

Aux Editions Sociales :

Journal de voyage en Amérique latine deux volumes (1969)

Le «Socialisme» suédois (1970)

Les Ouvriers américains (1972)

La Démocratie à Sacramento-U.S.A. (1976)

La Démocratie à Washington (1980)

Aux Editions Pierre Seghers :

La Suède en question : une société mixte (1971)

Aux Editions L'Harmattan :

Finlande, «finlandisation», Union Soviétique (1986)

AVANT-PROPOS

En 1969, je séjournai en Suède et publiai au retour un long reportage qui sera repris sous la forme d'un petit ouvrage intitulé *Le «socialisme» suédois*.(1) L'année suivante, le directeur du Centre culturel suédois à Paris me demandait de participer à une collection d'ouvrages placés sous le titre *La Suède en question* (2). Il me revint d'enquêter sur les relations entre le politique et l'économique en Suède; autant dire sur ce que d'aucuns nommaient alors «le modèle suédois».

Au cours de l'hiver 1991, je revenais en Suède à la rencontre de mes interlocuteurs d'alors - dirigeants politiques, chefs d'entreprises, responsables syndicaux, économistes, sociologues et historiens - pour reprendre à vingt ans de distance nos conversations et vérifier ensemble comment les idées du moment avaient passé l'épreuve du temps; au besoin rencontrer leurs successeurs dans leurs fonctions.

Il se posait au retour un problème de méthode. Soit mettre en regard les notes des premiers séjours et celles du dernier et confronter le présent et le passé thème par thème, interlocuteur par interlocuteur. Soit reprendre les entretiens et les analyses tels qu'ils eurent lieu - le tableau de l'époque; ce serait la première partie, *Vingt ans avant*; puis dans une deuxième partie, les conversations et analyses d'aujourd'hui - ce serait *Vingt ans après*. La première méthode risquait d'être répétitive. La seconde pouvait offrir au lecteur la possibilité de ses propres découvertes. C'est cette méthode qui a été retenue.

J.A.

Notes

---

1. Jacques Arnault, *Le «socialisme» suédois*. Editions Sociales. Coll. Notre temps, 1970.

2. Bengt Söderbergh, *La culture et l'Etat*; Jean-Philippe Barde et Christian Garnier, *L'environnement sans frontières*; Serge Richard, *Ecole nouvelle, société nouvelle;* Jacques Arnault, *Une société mixte*. Seghers éd., 1971.

Première Partie

VINGT ANS AVANT...

«Toutes nos traditions, ici, allaient contre la révolution.»
Ernst Wifgforss (1881-1977)

Chapitre 1

L'ESPRIT DE SALTSJOBADEN

Faut-il croire que la diplomatie trouve son compte aux eaux dormantes et aux paysages marins ? Le lac Majeur fut le cadre des négociations de Stresa et de Locarno; le lac Léman de celles de Montreux et d'Evian; le golfe de Gênes des conversations de Rappalo... La baie de San Francisco vit la proclamation de la Charte des Nations unies.

Le site de Saltsjöbaden et l'archipel de Stockholm sont moins connus. Sinon des Suédois : le bleu vif ou l'argent - selon la couleur du ciel - des eaux de la Baltique, le vert sombre de la végétation d'été qui laisse à peine entrevoir les demeures blanches ou les chalets sang-de-boeuf dispersés sur les îles, les accents des voiles blanches mobiles sur la mer, graves ou aigus selon la direction du vent, tout invite à la sérénité.

Faute de signer des traités avec d'autres - depuis les guerres napoléoniennes, la Suède se méfie des alliances - il arrive aux Suédois d'en signer entre eux...

La Convention négociée à Saltsjöbaden et paraphée le 20 décembre 1938 par sept représentants de la Confédération patronale suédoise et six représentants de la Confédération générale du travail, se proposait d'établir une paix particulière - la paix industrielle - entre deux groupes sociaux qui n'avaient guère cessé de s'affronter depuis le début du siècle : le mouvement ouvrier et le patronat suédois.

C'est à cette paix industrielle, que de nombreux observateurs ont attribué, depuis lors, l'essor de l'économie suédoise, le haut niveau de la production nationale et, partant, le haut niveau relatif de consommation - individuel et collectif - des Suédois. Au point de susciter des convoitises : ne pourrait-on transporter ce «système suédois» hors de son cadre...?

C'est ainsi que des expressions telles que «modèle suédois» ou «socialisme suédois» prirent place dans le vocabulaire politique français. Les Suédois ne portent pas la responsabilité de cette confusion. L'articulation particulière du politique et de l'économique que l'on peut observer en Suède, opposent-ils, est née de l'histoire, des circonstances, sans présupposés d'aucune sorte.

L'expression le plus souvent employée en Suède est celle de société mixte - mi-capitaliste mi-socialiste - qui associerait une économie régie par les lois du système capitaliste et une autorité politique se réclamant du socialisme. C'est de cette société mixte qu'il convient de résumer brièvement l'histoire.

A vrai dire, l'histoire des Suédois a de quoi surprendre les Français. Dès l'origine, le petit peuplement qui se fixe sur le territoire que forme aujourd'hui la Suède est homogène; il est de même ethnie; il parle la même langue; il est constitué de communautés paysannes. A partir du VIIIe siècle, leur prospérité relative les met en mesure de participer aux échanges entre l'Orient et l'Occident. Les Vikings trafiquant (et pillant...) remontent et descendent les fleuves de Russie entre la Baltique et la Caspienne. Puis ils orientent leurs activités vers le sud et l'ouest. Dont ils reçoivent, en retour, à partir du Xe siècle, des missionnaires anglais et allemands qui se mettent en tête de les christianiser... Trois siècles d'efforts leur seront nécessaires pour en finir (plus ou moins) avec les cultes païens.

Au XVe siècle, une tentative d'unir les pays nordiques sous une même autorité (danoise) échoue. De cette tentative naît chez les Suédois la prise de conscience de leurs intérêts propres. En 1528, Gustav Vasa, qui a conduit la résistance suédoise, confisque, au profit de la couronne, les biens de l'Eglise catholique (21% des richesses foncières contre 5% au roi); il autorise la prédication luthérienne. L'Eglise de Suède s'érige bientôt en Eglise nationale et se sépare de Rome. L'adhésion populaire massive à la religion réformée est autant le fait d'un sentiment patriotique naissant (ne plus admettre les ingérences extérieures) que d'une protestation de caractère religieux contre la corruption et l'autocratisme du clergé catholique. A la communauté d'origine, de langue, les Suédois ajoutent désormais la communauté de culte (et de formation culturelle).

Puis, au XVIIe siècle, la Suède (un million d'habitants, Finlande comprise, qui lui est rattachée), fait trembler le continent. Pour barrer la route à la contre-Réforme, elle s'empare des terres de la Baltique à sa portée. Les exportations de fer, de goudron, de cuivre (le toit du château de Versailles est recouvert de cuivre suédois) soutiennent l'effort de guerre. La Suède est présente au traité de Westphalie.

Mais la couronne a dû affermer ses recettes fiscales et vendre une partie de ses biens, dont la noblesse s'est portée acquéreur. A la fin de la guerre de Trente Ans, la noblesse possède 72% des terres du royaume. Charles XI - rééditant à cent cinquante ans de distance les mesures prises par Gustav Vasa à l'encontre de l'Eglise - se fait rendre les terres dont la noblesse s'est emparée. La répartition de la richesse foncière s'en trouve profondément modifiée : 35,6% des terres sont désormais propriété de la couronne; 32,9% de la noblesse; 31,5% de la paysannerie «libre». Cette réduction coupe court aux velléités d'étendre à la Suède le système féodal que les nobles suédois viennent de rencontrer sur le continent. Le clergé et la noblesse suédois ne seront jamais en mesure de jouer le rôle prééminent de leurs homologues en France.

Avec le XVIIIe siècle, les classes moyennes se développent. La Révolution française (1789) exerce son influence. La voie des réformes trouve en Suède une issue certes moins radicale, mais pacifique. Des privilèges sont abolis. Il faudra attendre toutefois 1865 pour que le Parlement fondé sur les ordres (clergé, noblesse, bourgeois, paysans), fasse place à un Parlement élu, mais par 9,5% seulement de la population. Cinquante-quatre ans de luttes politiques seront encore nécessaires avant que le suffrage ne devienne universel (1919).

Entre-temps, la Suède a été entraînée dans la guerre contre Napoléon par l'Angleterre devenue son principal partenaire commercial. Elle y perd la Finlande (traité de Tilsit) au profit de la Russie, qui se trouve désormais confirmée dans son rôle d'ennemi héréditaire... Ce qui aura quelques conséquences pour la diffusion des idées communistes après la Révolution d'Octobre... La Suède participe aussi à la dernière coalition (1814). Elle y gagne (traité de Vienne) la Norvège, détachée à cette occasion du Danemark. Ce sera la dernière guerre des Suédois... En 1905, la Suède et la Norvège se séparent pacifiquement.

Comparée à l'histoire des Français, celle des Suédois apparaît donc notablement plus «paisible»... Des luttes de résistance paysannes mais pas de jacqueries; pas de guerres entre Armagnacs et Bourguignons; pas de guerres de religions; pas de 1789 et de roi décapité; pas de 1830, de 1848 ou de 1871... Pas d'occupations étrangères, facteurs d'affrontements internes, pas de guerre depuis 155 ans. Pas de révolution au sens que notre histoire donne à ce terme.

L'absence de féodalisme et de servage prononcés, la faiblesse relative du clergé et de la noblesse, le développement lent de la bourgeoisie, le maintien tardif du caractère rural de la société (jusqu'en 1850 la population urbaine ne dépasse guère 10%) ont conservé à la population suédoise un caractère de relative homogénéité. «La religion ne fut pas ici la source de conflits internes qu'elle fut en France : alors que l'Eglise catholique divise les individus, la religion luthérienne ne connaît pas de telles oppositions. Le pasteur, selon la tradition, est élu par les paysans; pas de monastères et de couvents qui séparent. Peu d'aristocratisme, peu de hiérarchie religieuse féodale; dans la religion réformée, tout chrétien est un pasteur... Quand vient l'industrialisation, les pasteurs ne sont pas séparés de la population. Si les premiers socialistes disent qu'il est injuste que chaque individu n'ait pas les mêmes droits, qu'il est inhumain de voir des hommes exploités par les industriels et les riches, les chrétiens disent que cela est vrai. Il y a eu dialogue. Il y eut même osmose. Nous n'avons pas eu ici les oppositions religieuses, les querelles des écoles (libres et laïques) qui ont tant divisé les Français.» (Entretien avec M. Sven Göranson, professeur d'histoire religieuse à la faculté de Théologie d'Uppsala.)

Le communautarisme paysan, son «démocratisme», nourriront un égalitarisme qui se prolongera dans la société moderne. Lorsqu'en 1932, Per Albin Hansson, président du Parti social-démocrate, va donc proposer aux Suédois de faire de leur pays un *Folkhem* (un Foyer du peuple), toutes classes sociales confondues - que l'on n'envisage pas de supprimer mais dont on parle d'effacer les différences - cette proposition, outre qu'elle satisfait le besoin ancestral de sécurité, ne heurte pas l'expérience historique. N'est-ce pas dans la tradition de résoudre les conflits de classe par décision d'en haut (abaissement, par la couronne, du clergé et de la noblesse ?) Ou par des compromis ?

- «Pourquoi, demanderai-je, les idées communistes ont-elles eu tant de difficultés à gagner du terrain en Suède ?»

- «Parce que ces idées ont fait peur... Toutes nos traditions, ici, allaient contre la révolution.» (Entretien avec Ernst Wigforss, ministre des Finances de 1935 à 1947 et principal théoricien du Parti social-démocrate.)

Jusqu'au milieu du XIXe siècle, la Suède fait figure de pays agricole. Il existe certes depuis longtemps des noyaux d'activité industrielle à partir de l'exploitation des forêts, de l'extraction et de la fonte des minerais de cuivre et de fer (la marine de Louis XIV fut partiellement armée de canons suédois...). La pureté du minerai de fer, sa fonte au bois, la nature des eaux de trempage, donnent à l'acier suédois des qualités qui le font rechercher très tôt par toute l'Europe.

Ces noyaux d'activité industrielle forment des artisans et ouvriers experts qui auront leur plein effet lorsque la révolution industrielle atteindra la Suède, vers la fin du XIXe siècle : la clé à molette, les calibres de précision, le roulement à billes, l'hélice de navire seront des inventions suédoises...

Dès l'origine aussi l'activité industrielle suédoise est orientée vers l'exportation. Elle est, à ce titre, tributaire des fluctuations de marchés situés en dehors d'elle. Lorsque l'Angleterre de la fin du XVIIIe siècle met en oeuvre la fonte du minerai au coke, un coup très dur est porté à l'économie suédoise. Il faudra savoir se spécialiser à temps, produire si possible ce que ne produisent pas (ou pas aussi bien) les autres. La lutte sur les marchés extérieurs sera une composante du patrimoine psychologique industriel suédois.

A partir de 1850, l'introduction de la machine à vapeur libérant les scieries et fonderies de la servitude des moulins à eau - à condition d'avoir du combustible (on en a : le bois) - on peut disposer de force motrice n'importe où, même en hiver; plus tard, la possibilité d'utilisation industrielle de l'électricité (la Suède n'a pas de charbon mais de fortes réserves hydrauliques); puis la vulgarisation du procédé Bessemer et le procédé Thomas qui permettent d'utiliser les réserves de minerai de fer de Laponie impropres jusque-là à la fabrication de l'acier en raison de leur haute teneur en phosphore, offrent à la Suède des possibilités de développement industriel considérable.

La Suède ne manque pas de main-d'oeuvre. Au début du XIXe siècle, un mieux-être dans l'agriculture dû au remembrement et une poussée de natalité que d'aucuns attribuent à la fin des guerres napoléoniennes (sans oublier la vaccine et l'introduction de la pomme de terre...) sont venus modifier le taux d'accroissement démographique. Entre 1835 et 1850, la population suédoise passe de 2.375.000 à 3.131.000 âmes. La loi interdisant le partage des propriétés, la conquête de nouvelles terres sur la forêt s'avérant difficile, il s'ensuit une surpopulation agricole relative que l'activité industrielle ne peut encore absorber. L'appel à l'émigration venu d'Amérique, le mirage de l'or, conduisent donc une part notable de cette population à émigrer : on compte 50.000 émigrants pour la seule année 1887; un million de Suédois s'expatrieront entre 1850 et 1920.

Cette émigration a des conséquences de divers ordres : «décomprimant» les campagnes, elle facilite le passage sans crise sociale grave de la société de type agraire à la société de type industriel. L'agriculture suédoise délivrée de sa population excédentaire doit faire des efforts de modernisation pour répondre aux besoins nationaux en denrées alimentaires.

La pression de la main-d'oeuvre rurale sur les salaires industriels, moins forte qu'en Angleterre, en Allemagne ou en France au début de la révolution industrielle, fixe les salaires industriels suédois à un niveau relativement plus élevé. Ces hauts salaires relatifs stimulent le développement technique : les nouveaux industriels suédois doivent rechercher la compétitivité des prix dans une meilleure productivité du travail et la qualité de leurs produits.

Les techniques américaines que rencontrent les émigrants exercent, en retour, une influence positive sur le développement suédois. Il y aura une influence idéologique favorable au système d'économie capitaliste: pourquoi chaque Suédois n'aurait-il pas le droit de faire fortune dans son propre pays?

L'appel au développement industriel suédois vient du dehors, des pays d'Europe où la révolution industrielle a déjà développé ses effets : ces pays - Angleterre, Allemagne, Belgique - réclament de plus en plus les produits que la Suède peut fournir dans de bonnes conditions après que leurs propres réserves se sont amenuisées : le bois, puis le papier et la pâte à papier; le minerai de fer de haute teneur en métal sans égal en Europe, les aciers spéciaux et l'outillage.

Les capitaux étrangers (allemands, anglais et français) suppléent à la faiblesse d'accumulation interne du capital nécessaire au démarrage de l'industrie. Le drainage des capitaux vers la Suède est l'oeuvre, dans une large mesure, de banquiers suédois qui bénéficient des techniques financières éprouvées ailleurs. Avec cette double conséquence qu'il y aura peu d'investissements directs de capital étranger en Suède, que le développement industriel se fera dès l'origine par une interpénétration plus avancée qu'ailleurs du capital bancaire et du capital industriel avec prédominance de la banque.

La mutation rapide de l'économie suédoise se reflète dès lors dans l'accroissement accéléré du nombre des salariés de l'industrie, des mines et des transports : 90.000 en 1870, 137.000 en 1880, 189.000 en 1890, 400.000 en 1900.

Cette salarisation rapide de la Suède se développe dans des conditions politiques et idéologiques particulières.

Jusqu'en 1870, le mode traditionnel d'organisation de l'activité industrielle en Suède est le plus souvent le bruk dirigé par son propriétaire qui associe la coupe et le façonnage du bois (scieries), l'extraction minière et la forge (plus tard la fabrication de la pâte à papier) et l'activité agricole.

Le *bruk* constitue un complexe productif comprenant des forêts, des prairies, des terres cultivables, des moulins à eau puis à vapeur; il se dotera plus tard de sources d'énergie électrique. L'activité industrielle suédoise se développe ainsi d'une manière dispersée à proximité des forêts (combustible et matière première), des cours d'eau (source d'énergie et moyen de transport), de préférence près de l'embouchure des fleuves pour faciliter l'évacuation des productions. En l'absence de mines de charbon, il ne se formera pas en Suède -comme en Allemagne, en Angleterre ou en France- de «bassins» concentrant industries, ouvriers et misères ouvrières.

Les rapports sociaux qui survivent dans le *bruk* sont des rapports patriarcaux. Le propriétaire du *bruk* se sent comptable du sort de la communauté qu'il dirige; il a des devoirs à l'égard des accidentés, des veuves, des orphelins, des vieillards, etc.

Les travailleurs de ces entreprises dispersées ont peu de rapports entre eux.

L'activité industrielle qui se développe à partir de 1880 présente des traits nouveaux. Elle suscite d'abord un déplacement accéléré de la population des zones rurales vers des agglomérations urbaines : de 351.526 individus en 1850, la population urbaine passe à 1.103.951 en 1900. Le nouvel ouvrier suédois perd son caractère semi-paysan.

Si les conditions de salaire sont moins mauvaises que celles qu'ont connues les ouvriers industriels d'autres pays au début de l'industrialisation, les conditions d'habitation et d'hygiène dans les grandes villes suédoises qui se forment deviennent rapidement épouvantables : la promiscuité (plusieurs familles par pièce), l'alcoolisme font des ravages. A la fin du XIXe siècle, la ville de Stockholm a la mortalité la plus élevée des capitales européennes.

Les nouvelles entreprises qui se créent obéissent aux lois de la production capitaliste qui considère le salarié comme de la force de travail à utiliser le plus longtemps et le plus intensément possible. Les nouveaux entrepreneurs - de plus en plus des sociétés anonymes - demandent à leurs ouvriers l'effort que leur réclamait le propriétaire du *bruk* sans la contrepartie sociale qui accompagnait cette exigence : une certaine attention à l'égard du travailleur et de sa famille en dehors du temps strict de travail. Cette «déshumanisation» des rapports de travail suscite des tensions nouvelles.

D'autant que ces travailleurs, pas plus que la masse du peuple suédois, ne bénéficient de droits politiques. Dans les villes, les aspirations des ouvriers au mieux-être social, faute de pouvoir s'exprimer à travers des partis politiques, s'expriment par le truchement d'organismes de prévoyance (caisse de secours), d'associations éducatives, voire de sectes religieuses dissidentes de l'Eglise d'Etat de confession luthérienne. Ces organisations sont généralement sous l'influence du Parti libéral représentatif des classes moyennes urbaines.

La venue tardive de la Suède à l'industrialisation a permis aux banquiers et aux industriels suédois de bénéficier des expériences faites ailleurs, tant sur le plan technique que commercial et financier; le mouvement ouvrier suédois en bénéficie aussi. L'accroissement accéléré du salariat se produit en effet alors que les idées socialistes sont déjà très largement répandues en Angleterre, en Allemagne et en France (la Première Internationale ouvrière a été créée en 1864).

Dès l'introduction des idées socialistes en Suède (1881), une des premières tâches que se fixent les militants de la nouvelle idéologie est l'organisation des ouvriers d'industrie dans des syndicats. Huit ans plus tard les syndicats existants participent à la création du Parti ouvrier social-démocrate suédois. En 1898, les syndicats ouvriers se constituent en Confédération générale du travail (en abrégé suédois : L.O.).

L'existence de la confédération donne cohérence aux luttes sociales qui n'ont guère cessé d'accompagner le développement industriel. En 1902, une manifestation nationale pour obtenir le suffrage universel implique plus de 150.000 personnes dans un arrêt de travail de trois jours. Comme en réponse, le patronat suédois crée sa propre organisation centralisée : la Confédération patronale suédoise (en abrégé suédois : S.A.F.).

L'année 1903 est marquée par 144 conflits (grèves ou lock-out) et 642.000 journées non travaillées; l'année 1904 par 215 conflits. En 1905, un arrêt de travail d'ouvriers métallurgistes suivi d'un lock-out patronal se solde - à la fin de l'année - par 2.390.000 journées non travaillées. Les causes de ces conflits sont diverses : le plus souvent le refus du patronat de reconnaître le droit des ouvriers à s'organiser, les brimades contre les militants syndicaux, les licenciements arbitraires, les baisses de salaire en période de récession; la violence des ouvriers et leur tentative d'empiéter sur les droits patronaux, disent les employeurs. La tension est si forte qu'à l'automne 1906, la Confédération patronale et la Confédération générale du travail décident de se concerter.

On aboutit à un compromis : le patronat suédois reconnaît désormais aux ouvriers suédois le droit d'être syndiqués, d'être représentés et de négocier les conditions du travail. La Confédération générale du travail se trouve ainsi consacrée dans son rôle d'interlocuteur de la Confédération patronale.

De leur côté, les représentants de la Confédération générale du travail reconnaissent le droit des employeurs «d'embaucher et de congédier librement [leurs] ouvriers, de diriger et répartir le travail, d'employer des ouvriers affiliés à n'importe quel syndicat ou n'appartenant à aucun syndicat», c'est-à-dire le droit des employeurs à diriger leurs entreprises sans partage (1).

Cet accord entre le patronat et les syndicat ouvriers -connu sous l'appellation de *Compromis de 1906* - ne suffit pas toutefois à éviter les affrontements. Grèves ouvrières et lock-out patronal s'entrecroisent. Selon les régions, l'arrêt du travail dure jusqu'à six mois; 300.000 ouvriers s'y trouvent impliqués. A la fin de l'année, 11.800.000 journées n'ont pas été travaillées.

Des deux côtés - patronal et ouvrier - on a été tenté «d'en finir une fois pour toutes». «En finir», du côté patronal, avec les grèves et la montée du mouvement ouvrier; du côté ouvrier, en finir avec les licenciements, les baisses de salaires en période de dépression, l'insécurité de l'emploi; pour quelques-uns, en finir, si possible, avec le patronat lui-même.

Cependant, à la fin du conflit, les deux parties restent en présence... La grève a épuisé le mouvement ouvrier. Des militants sont contraints d'émigrer aux Etats-Unis. Les effectifs syndicaux tombent de 186.226 en 1906 à 85.176 en 1910.

Le début de la Première Guerre mondiale, ajoutant ses effets à l'échec de la grève, suscite une accalmie. Celle-ci est de courte durée. Dès 1917, les conflits reprennent avec une ampleur inégalée : 1.109.000 journées non travaillées en 1917, 8.943.000 en 1920. La reprise économique d'après-guerre calme un instant les conflits qui reprennent en 1925 : 2.560.000 journées non travaillées; 1.711.000 en 1926; 4.835.000 en 1928...

Puis la crise économique de 1929 atteint la Suède avec quelque retard. Le 14 mars 1931 à Lunde (Adalen), des soldats en service commandé ouvrent le feu sur une manifestation populaire protestant contre la présence de briseurs de grève. On relève cinq morts dont une femme.

L'événement bouleverse la nation suédoise. Pratiquement, depuis 1814, aucun soldat suédois n'avait eu à ouvrir le feu contre quiconque... Comment éviter de nouvelles tragédies ?

Or, entre-temps, la répartition des forces politiques a changé...

Depuis sa création, le Parti ouvrier social-démocrate suédois n'a cessé de progresser : un député en 1896; 4 en 1902; 34 en 1908; 87 en 1914. Aux premières élections (1921) qui suivent l'adoption du suffrage universel (femmes y compris), les candidats sociaux-démocrates ont obtenu 36,2% des suffrages. Aux élections de 1932 qui suivent la tragédie d'Adalen, ils en obtiennent 41,7% (8,3% des voix allant au Parti communiste). Le Président du Parti social-démocrate est appelé par le Roi à former le gouvernement (2).

Si les conflits sociaux persistent un temps - séquelles de la crise de 1929 - la reprise économique à l'échelle mondiale, la présence du Parti social-démocrate à la direction politique se traduisent par un mieux-être ouvrier. Aux élections de 1936, le Parti social-démocrate obtient 45,9% des suffrages (les communistes, 7,7%). Ensemble, élus socialiste (112) et communistes (11) détiennent la majorité absolue à la Chambre des députés.

Ce succès des partis se réclamant du mouvement ouvrier

crée une situation nouvelle. Désormais le patronat suédois n'est plus assuré de disposer d'une majorité parlementaire favorable à ses intérêts. Le mouvement ouvrier dispose de cette majorité. Mais il n'est pas assuré, pour sa part, que cette situation soit irréversible; la majorité acquise est faible...

Dans ces conditions, le patronat suédois en vient à considérer qu'il peut être désormais de son intérêt de régler ses rapports avec la Confédération générale du travail par des négociations directes plutôt que de se voir menacé de lois contraignantes. Les dirigeants de la Confédération générale du travail estiment qu'imposer le règlement des conflits par voie législative pourrait constituer un précédent dangereux au cas où la majorité parlementaire viendrait à changer de sens... Les dirigeants du Parti social-démocrate estiment, quant à eux, qu'il est de leur intérêt de rester hors du champ des conflits sociaux : que les dirigeants syndicaux négocient eux-mêmes avec le patronat éviterait au gouvernement social-démocrate d'être impliqué dans les conflits. Accepter d'être partie, ce serait s'exposer à se voir présenter les revendications ouvrières... Laisser aux syndicats la liberté de négocier avec le patronat, c'est se libérer du même coup des revendications syndicales...

C'est dans ces conditions que s'engagent au printemps de 1936 des conversations au plus haut niveau entre la Confédération patronale suédoise et la Confédération générale du travail.

Constitués en Comité du Marché du Travail, les représentants des deux confédérations vont tenter de définir un certain nombre de principes et de règles propres à diminuer le nombre et la durée des conflits.

Engagés à Stockholm, les négociations sont bientôt «transportées» d'un commun accord dans le cadre apaisant du Grand Hôtel de Saltsjöbaden : «Nous avons eu ici, à Saltsjöbaden, dix conférences. Les lieux ont peu changé. Chaque conférence dura de trois à six jours. Lorsque l'affrontement devenait plus dur, nous nous retrouvions après les séances ici dans le jardin. Cela facilita beaucoup les conversations. Il nous arriva même dans un moment difficile de poursuivre nos discussions en mer, à bord d'un yacht d'un membre de la délégation patronale.

«C'est ici qu'est né l'esprit de compréhension entre représentants syndicaux et patronaux que l'on a nommé par la suite l'«esprit de Saltsjöbaden». Depuis lors, nous d'abord, les signataires - puis nos successeurs - nous n'avons cessé de nous rencontrer afin d'examiner les problèmes d'intérêt commun.» (Conversation à Saltsjöbaden avec Gustaf Söderlund, directeur de la Confédération patronale en 1936 et signataire de la convention.)

Le cadre marin, le parc, le yacht n'expliquent sans doute pas tout... Le désir du patronat suédois d'aboutir à un accord qui pût mettre fin aux conflits rencontrait en effet celui de la social-démocratie suédoise parvenue depuis peu à la direction des affaires politiques; l'apaisement des conflits était d'un intérêt commun. D'ailleurs, «cela nous était égal de savoir qui était le propriétaire des entreprises. Ce qui m'importait à moi, négociateur ouvrier social-démocrate, c'était de savoir si l'entreprise était bien gérée ou non; si le capitalisme privé utilisait correctement le capital. Le reste, c'était de la politique et je ne m'intéressais pas à la politique.» (Même conversation à Saltsjöbaden avec Hilding Molander, membre de la Confédération ouvrière, signataire de la convention.)

Notes

---

1. La même année, le gouvernement désigne des médiateurs régionaux chargés d'aider à trouver des solutions amiables aux conflits qui surgissent.

2. En 1920, 1921, 1926, le président du Parti social-démocrate avait déjà été appelé au poste de Premier ministre. Il avait dû se retirer devant l'opposition des partis non socialistes à sa politique sociale.

Chapitre 2

LE PARTAGE DES TACHES

La convention de Saltsjöbaden enregistrait donc le rapport de forces qui s'était établi entre le mouvement ouvrier suédois influencé par le Parti ouvrier social-démocrate et le patronat.

La force du mouvement ouvrier résidait pour une part en ce qu'il disposait désormais d'une majorité parlementaire capable d'imposer au patronat, par la loi, ce qu'il refuserait d'accepter par la négociation; celle du patronat en ce que la social-démocratie suédoise ne s'estimait pas en mesure - ou n'estimait pas nécessaire - d'assumer la direction de l'économie par la socialisation de l'appareil productif essentiel. «Pourquoi après 1930 n'avons-nous pas employé notre pouvoir politique pour assumer le pouvoir économique ? Mais parce que nous n'avions pas la classe sociale nécessaire pour prendre les leviers de la société socialiste que nous souhaitions. C'est pourquoi, dès avant le début de la Seconde Guerre mondiale, nous avons fait une offre aux dirigeants capitalistes de collaborer à un grand plan de mise en valeur de nos ressources plus rationnel que cela n'avait été fait jusqu'alors et dans l'idée que nous obtiendrions aussi l'expérience nécessaire pour diriger l'économie.» (Conversation citée avec Ernst Wigforss.)

La société mixte suédoise ne peut être comprise en dehors de cette donnée politique fondamentale : le choix fait dans les années 1930 des dirigeants sociaux-démocrates en Suède de collaborer, au moins temporairement, avec la bourgeoisie suédoise (les possesseurs des grands moyens de production et d'échange); et l'intérêt que présentait pour la bourgeoisie suédoise une collaboration qui s'engageait à respecter les prérogatives qui sont ordinairement celles des possesseurs des capitaux.

Cette collaboration entraînait un partage des tâches -et des modalités d'application - que l'on peut résumer en ces termes :

1. L'entreprise privée restera en Suède le moyen essentiel de la production. En 1970, le secteur économique d'Etat suédois emploie, environ, 200.000 personnes, soit 5,5% seulement de la totalité des salariés du commerce et de l'industrie - 4,5% relevant du secteur coopératif et 90% du secteur privé.

2. L'entreprise privée doit réaliser des profits. La législation fiscale tient compte de cette nécessité (1). Les négociateurs de la Confédération générale du travail sont invités à ne pas l'oublier lorsqu'ils discutent des conditions du travail (salaires, horaires, etc.) avec les représentants du patronat (2).

3. L'Etat - considéré ici comme le pouvoir politique assumé par le Parti soial-démocrate - a le devoir de contribuer à la régulation des activités économiques : assurer le plein emploi par la mise en oeuvre de travaux durant l'hiver et en période de récession; investir à plus long terme dans les régions où l'industrie privée hésite à créer des emplois par crainte de non-rentabilité de tels investissements.

L'Etat doit encore aider les entreprises en difficulté, favoriser la restructuration des branches industrielle, assurer la reconversion, la formation de la main-d'oeuvre, faciliter sa mobilité (3), etc.

4. Le budget de l'Etat, alimenté au besoin par l'emprunt, peut enregistrer un déficit en période de récession, compensé par un excédent de recettes en période de prospérité : «On a beaucoup parlé de Keynes, de la révolution théorique de Keynes... Mais tout ce que Keynes a écrit sur la nécessaire intervention de l'Etat, nous avions commencé à le réaliser ici, en Suède, au début des années 1930. Nous n'avions d'ailleurs pas d'autres solutions. Nous avions des dizaines de milliers de chômeurs. Que faire ? Bien entendu, les capitalistes n'allaient pas risquer leur capital. L'Etat devait le faire...» (Conversation citée avec Ernst Wigforss.)

Le complément nécessaire de ce partage des tâches entre le patronat et la social-démocratie était la recherche en commun des moyens par lesquels on mettrait fin aux conflits qui, depuis le début du siècle, avaient opposé patronat et ouvriers. Ce serait l'objet de la convention de Saltsjöbaden :

«Les organisations centrales du marché du travail [la Confédération patronale et la Confédération ouvrière] sont pleinement conscientes de l'importance qu'il y a, dans la mesure du possible, de régler leurs divergences d'intérêts sans recourir à des conflits déclarés. Ce sont avant tout ceux qui tirent leurs revenus du commerce et de l'industrie qui ont intérêt à ce que le travail se poursuive sans perturbations, car les pertes occasionnées par ces conflits les atteignent également d'une façon essentielle. Leurs organisations doivent par conséquent rechercher tous les moyens propres à aplanir ces différends par des voies pacifiques.»

Après de longues discussions, les négociateurs de Saltsjöbaden parvenaient alors à définir un certain nombre de principes et de règles propres à «aplanir les différends par la voie pacifique» que les deux parties - la Confédération patronale et la Confédération ouvrière - s'engageraient à faire observer par leurs membres respectifs : fédérations d'industrie ou adhérents individuels (patronaux et ouvriers) (4).

1. Sous l'appellation de Conseil du Marché du Travail, la convention crée un organisme national permanent habilité à traiter en dernier ressort des différends qui peuvent surgir sur le lieu du travail autres que les revendications de salaires (les salaires font l'objet de négociations particulières aboutissant à la signature de conventions collectives) (Chap. I, art. 1).

Le Conseil du Marché du travail - trois représentants de la Confédération patronale et trois représentants de la Confédération ouvrière - formule des recommandations à l'unanimité ou à la majorité, que les parties en présence sont tenues de faire respecter par leurs adhérents.

2. Lorsqu'un différend survient sur le lieu du travail, les deux parties - employeurs et ouvriers - sont tenues d'observer les règles suivantes :

a) La partie plaignante fait part de sa plainte à la partie adverse. Une proposition de négociation adressée par une partie à l'autre ne peut être refusée. Des négociations entre les deux parties doivent s'engager au plus tard deux semaines après qu'une des parties en a fait la demande (Chap. II, art. 3).

b) En cas d'échec des négociations sur le plan local ou si, dès l'énoncé du litige, une des fédérations professionnelles nationales (ouvrière ou patronale) en fait la demande, les négociations sont transférées sur le plan national. Les négociations doivent s'engager dès lors entre fédérations trois semaines au plus tard après que le transfert a été demandé (Chap. II, art. 3 et 4).

c) Aucun différend relatif aux conditions du travail ou à tout autre objet d'intérêt mutuel entre patrons et ouvriers ne peut donner lieu à des actes d'hostilité (arrêt de travail ou lock-out) aussi longtemps qu'une solution amiable n'a pas été recherchée (Chap. II, art. 1).

d) En tout état de cause, aucun d'acte d'hostilité ne peut être entrepris localement -grève ou lock-out- sans l'accord de la fédération nationale ouvrière ou patronale intéressée.

3. Les licenciements, congédiements, mises à pied font l'objet d'une procédure particulière :

a) L'employeur désireux de réduire son personnel ou de licencier un ou plusieurs de ses ouvriers âgés de plus de dix-huit ans et occupés depuis plus de neuf mois dans l'entreprise, est tenu d'en informer le représentant du syndicat ouvrier de l'entreprise quatorze jours au moins avant la date prévue pour le licenciement (Chap. III, art. 2). Si l'employeur est contraint à des mesures de licenciement par des circonstances qu'il ne pouvait prévoir, il est autorisé à en informer le représentant ouvrier «le plus tôt possible». (id.) L'employeur et le représentant syndical sont, dès ce moment, tenus de «se concerter au sujet de la mesure projetée» si l'un ou l'autre le demande (id.). L'information du représentant syndical et la concertation ne sont pas requises si l'ouvrier licencié a moins de dix-huit ans, s'il a moins de neuf mois de présence dans l'entreprise ou si «le congédiement a lieu par suite de faits et gestes de l'ouvrier autorisant l'employeur à résilier immédiatement le contrat de travail» (Chap. III, art. 2). Dans cette éventualité, l'organisation syndicale peut soumettre le cas, s'il donne lieu à contestation sur la légitimité du motif, au Conseil du Marché du Travail (Chap. III, art. 1).

b) L'employeur qui, après avoir licencié des ouvriers, désire, dans un délai inférieur à quatre mois, embaucher des ouvriers de la même catégorie, est tenu d'»en informer le représentant de l'organisation syndicale, si possible une semaine à l'avance». Au-delà du délai de quatre mois l'information n'est pas requise (Chap. III, art. 3).

c) Dans les concertations éventuelles à propos des congédiements ou de la réembauche, la convention prescrit de prendre en considération «aussi bien la nécessité pour l'entreprise d'être servie autant que possible par des ouvriers habiles et aptes à leurs fonctions que l'ancienneté et les charges de famille lorsqu'il convient de choisir entre des ouvriers de même valeur» (Chap. III, art. 7).

4. Les «conflits affectant des fonctions d'intérêt général», c'est-à-dire dont les conséquences peuvent troubler la vie nationale (arrêt des transports, de l'électricité, de certaines productions, des services médicaux) font l'objet d'une procédure particulière.

En bref, les négociateurs de la convention de Saltsjöbaden s'entendaient pour rendre obligatoire la concertation entre employeurs et syndicats ouvriers afin de résoudre les différends pouvant surgir dans leurs rapports.

L'examen du contenu et des modalités de cette concertation appelle quelques remarques.

1. Dans une large mesure les négociateurs de Saltsjöbaden ont compté sur le temps pour apaiser les conflits : si l'on tient compte des délais de procédure (signification par écrit), du temps minimum nécessaire pour constater qu'une négociation locale ou nationale est ouverte, puis qu'elle est close, on peut estimer qu'un mois et demi au minimum peut statutairement s'écouler entre la demande de négociation à propos d'un litige et la constatation qu'il n'a pas été trouvé de solution satisfaisante pour les deux parties. Un délai d'une semaine est alors exigé par la loi avant que

ne soit entrepris un acte d'hostilité dont la nature doit être signifiée à la partie qui en fera l'objet.

2. Si les négociateurs de Saltsjöbaden rendent obligatoire la concertation entre les instances locales (employeur et organisation syndicale), ils leur retirent toutefois leurs moyens d'action : aucun acte d'hostilité d'une partie contre l'autre ne peut avoir lieu localement sans l'accord exprès de l'organisme national intéressé.

3. Si l'organisation ouvrière locale reçoit un droit de regard en matière de licenciement ou de réembauche, ce droit peut être annulé par la clause selon laquelle «le nombre des ouvriers qu'un employeur estime nécessaire à la marche de l'entreprise est déterminé par lui seul» (additif au Champ. III). La concertation dépendra le plus souvent de la «bonne volonté» de l'employeur. Nous verrons ultérieurement que cette «bonne volonté» dépendra elle-même d'autre chose...

Dans les années qui suivirent l'adoption de la convention de Saltsjöbaden, la Confédération patronale suédoise et la Confédération générale du travail signeront -dans le même esprit de coopération- un certain nombre de conventions et d'accords couvrant de nombreux domaines (5).

Le but recherché par les parties est en général double: augmenter la productivité du travail et la production, améliorer le sort des travailleurs - en particulier en ce qui concerne la sécurité de l'emploi. Ce qui requiert les efforts conjugués des employeurs et des ouvriers.

La convention de Saltsjöbaden de 1938, les conventions et accords ultérieurs restent dans le cadre fixé par la «compromis de 1906» qui interdisait aux syndicats ouvriers de mettre en cause «le droit pour l'employeur d'embaucher et de congédier librement les ouvriers, de diriger et répartir le travail».

L'accalmie sociale qui suit la signature de la convention de Saltsjöbaden (1938) doit-elle être attribuée aux principes et à la procédure qu'elle définit ? Quelle part, dans cette accalmie, faut-il attribuer à l'époque : celle de la Seconde Guerre mondiale qui s'étend aux frontières de la Suède, créant une situation de péril national ?

En réalité l'accalmie sociale a commencé plus tôt, après 1934, avec la reprise économique à l'échelle mondiale qui a suivi la crise de 1929 et avec la présence du Parti social-démocrate à la direction des affaires publiques. La convention confirme une tendance plutôt qu'elle ne la crée.

La fin de la guerre sera marquée en 1945 par un arrêt de travail d'ouvriers de la métallurgie, suivi par un lock-out général des industries métallurgiques qui se traduit par 11.312.112 journées non travaillées (on approche le record de 1909), mais dès l'année suivante les conflits s'apaisent. De 1946 à la fin de l'année 1969, la Suède ne connaîtra plus que deux conflits notables : un lock-out des travailleurs de l'alimentation en 1953 et une grève des professeurs en 1966.

La Suède fait alors figure de pays exemplaire au tableau d'honneur de la «paix industrielle».

Notes

1. Selon M. Gunnar Engellau, directeur général des usines Volvo : «Notre règle de défalcation des amortissements est absolument unique au monde. Notre gouvernement a une attitude très amicale pour l'entreprise privée.» (Notre entretien à Göteborg.)

2. Avant l'ouverture des négociations salariales, la Confédération générale du travail étudie conjointement avec des représentants du Parti social-démocrate et le Premier ministre l'évolution probable de l'économie pour la période à venir.

3. La Direction nationale du marché du travail et ses Offices départementaux ont pour tâche d'organiser le placement - et le déplacement - des travailleurs sans emploi ou des personnes qui désirent travailler. La Direction dispose de ses propres ateliers, de ses dépôts et chantiers dits «de secours» auxquels elle peut avoir recours en période de chômage. Elle veille en accord avec les administrations nationales et locales, les groupements professionnels,

les entreprises, à avoir à sa disposition une réserve marginale de travaux courants susceptible d'être mise en route pour neutraliser les fluctuations qui peuvent affecter l'économie. Les offices départementaux se chargent aussi de la formation professionnelle des chômeurs et des non-chômeurs qui désirent changer d'emploi (Conversation avec M. Rehnberg, directeur).

4. Les ouvriers adhèrent au syndicat de leur entreprise. Les syndicats d'une même branche (métallurgie, transports, etc.) sont groupés dans une fédération nationale d'industrie. Les 37 fédérations nationales forment entre elles la Confédération générale du travail (L.O.).

L'employeur adhère en principe à une fédération des employeurs par branche d'activité (métallurgie, transports, etc.). Les fédérations des employeurs et les employeurs isolés forment ensemble la Confédération patronale suédoise (S.A.F.).

5. Les Accords sur la sécurité des travailleurs (1942); les Accords sur la formation professionnelle (1944); la Convention relative aux comités d'entreprise (1946); la Convention sur les études de temps et mouvement (1948); l'Accord sur la promotion et la collaboration au sein des entreprises (1966); les Accords sur la sécurité des travailleurs et la protection sanitaire (1967).

Une enquête sur la situation de la main-d'oeuvre féminine, menée en cmmun par les deux organisations en 1950, donna lieu peu après à la création d'un Comité de la main-d'oeuvre féminine.

Chapitre 3

LES NEGOCIATIONS CENTRALISEES

La convention de Saltsjöbaden laissait donc en dehors du champ des négociations les conflits et différends ayant pour origine les questions de salaire. Depuis le début du siècle ceux-ci étaient fixés au cours de négociations entre les employeurs adhérant à la confédération patronale et les syndicats ouvriers. Ces négociations aboutissaient à la signature de conventions collectives, soit par entreprises, branches d'industrie ou régions. Il en résultait une très grande diversité de statuts, source de nombreux conflits.

Une loi votée en 1928 avait donné force de loi aux conventions collectives et édicté, malgré l'opposition des syndicats ouvriers, certaines règles que l'on peut résumer ainsi :

1. Une convention collective dont la modification ou l'annulation n'a pas été demandée par l'une ou l'autre des parties (patronat ou syndicat ouvrier) dans un délai fixé (en général trois mois avant son expiration) reste en vigueur par tacite reconduction.

2. Pendant la durée d'application de la convention collective (en général une année), aucune des parties ne peut recourir à une action directe (arrêt de travail et, par symétrie, lock-out), pour en obtenir une modification ou pour régler un différend à propos de son interprétation ou de son application. Les différends de cette nature doivent être portés devant le Tribunal de travail - deux représentants désignés par la confédération patronale, deux représentants désignés par la confédération ouvrière, et trois «neutres» dont deux juristes - habilité à trancher sans appel.

3. Toute action directe déclenchée durant la durée de la convention et à son propos, est réputée illégale. Son ou ses auteurs peuvent être amenés à comparaître devant le Tribunal du travail et s'y entendre condamner, individuellement ou collectivement, à verser des dommages et intérêts à la partie lésée. La condamnation peut viser aussi bien une organisation (un syndicat ou une fédération), qu'un individu (ouvrier ou employeur), l'indemnité imposée à un salarié ne pouvant excéder 200 francs.

Les actions directes réputées illégales, engagées par les membres d'un syndicat, n'engagent pas nécessairement la responsabilité de ce syndicat si celui-ci peut apporter la preuve qu'il a tenté de dissuader ses membres d'entreprendre ou de continuer une telle action. La preuve de sa bonne foi peut être apportée par les textes qu'il a publiés pour appeler les membres à ne pas entreprendre ou à cesser l'action. Un groupement (un syndicat ou une fédération) ne saurait accorder un appui financier à des ouvriers ou groupes d'ouvriers ayant engagé une action «illégale».

4. L'action directe est légale lorsqu'une convention étant arrivée à expiration, une des parties désire faire pression sur l'autre pour obtenir des conditions plus avantageuses : menace de grève ouvrière ou de lock-out patronal.

Une action de sympathie en faveur d'une partie en conflit peut être entreprise si cette partie en conflit n'est pas engagée dans un conflit illégal. L'action de sympathie est interdite dans le cas contraire. En 1935, une loi imposait aux syndicats un préavis de sept jours avant d'engager une action, même légale, contre un employeur.

Le respect des dispositions des lois de 1928 et 1935 -et la coutume - ont ainsi conduit le patronat et les syndicats ouvriers suédois à observer une sorte de scénario lors de la discussion des conventions collectives.

1. A l'expiration d'une convention, l'une des parties -en général la partie ouvrière - prend, dans le délai prescrit, l'initiative d'en demander la révision. La partie qui demande la révision fait part de ses demandes à l'autre.

2. Les négociations s'engagent. Si elles aboutissent, l'observation de la nouvelle convention devient obligatoire pour tous ceux qu'elle concerne. Si les négociations s'enlisent, les deux parties font, d'un commun accord, appel à un «président impartial» dont le rôle est de faciliter les négociations.

3. Si le «président impartial» constate qu'il est impossible de parvenir à un accord, chaque partie est alors en droit de menacer l'autre partie, soit de grève, soit de lock-out, pour l'amener à céder ou à modérer ses revendications. La menace d'action directe doit faire l'objet d'un préavis d'une semaine.

4. Dès lors que la menace «d'action directe» est faite, le recours à un «conciliateur» désigné par le gouvernement est obligatoire (1).

Le «conciliateur» fixe un délai dans lequel les négociations doivent aboutir. En cas d'échec, le «conciliateur» constate que les négociations n'ont pas abouti. L'action directe peut être engagée.

Généralement, à la menace d'arrêt de travail partiel de l'organisation ouvrière, répond une menace de lock-out, partiel ou total, de l'organisation patronale.

Tout devient alors une question de rapport de forces. Dans cette évaluation du rapport de forces entrent en ligne de compte aussi bien les conditions politiques du moment, que l'importance des fonds accumulés par les parties en présence -confédération patronale et syndicats ouvriers- pour soutenir un arrêt de travail (grève ou lock-out) de plus ou moins longue durée.

Jusqu'en 1950, les conditions de salaires et d'emploi étaient généralement négociées en ordre dispersé par industries, branches d'industrie, voire par entreprises. Avec le temps, il apparut qu'au lieu de mener des négociations aboutissant à des conditions d'emploi et de salaires très diverses, il pourrait y avoir intérêt à négocier d'une manière plus centralisée.

De telles négociations centralisées avaient eu lieu durant la Seconde Guerre mondiale, en raison des difficultés économiques qu'elle avait entraînées. C'était, par ailleurs, devenu un point de doctrine des syndicats ouvriers de chercher à égaliser le plus possible les conditions de rémunération, indépendamment des branches professionnelles. Cette doctrine était défendue par la Confédération du travail sous la dénomination de solidarité des salaires.

De plus, cinq ans après la fin de la guerre, il apparaissait que la dépression économique attendue n'aurait pas lieu; que l'économie suédoise s'acheminait vers une politique de plein emploi; que celle-ci créait des conditions favorables aux revendications de salaire en raison de la pénurie relative de main-d'oeuvre; que l'on risquait, de ce fait, de voir se développer une inflation latente que le Parti social-démocrate, responsable de la conduite des affaires, désirait éviter.

Le congrès de la Confédération générale du travail de 1951 en avait conclu que le mouvement syndical se devait de «collaborer à stabiliser l'économie dans son ensemble» et d'«exercer une influence de stabilisation et d'équilibre sur l'économie nationale» par le moyen de la «politique salariale». Il estimait qu'il fallait éviter une sorte de surenchère entre syndicats à l'occasion de la discussion des conventions collectives et une «course aux salaires», chaque branche demandant les avantages obtenus par l'autre.

Les syndicats disaient aussi attendre des négociations centralisées une certaine uniformisation des conditions de l'emploi à l'échelle nationale qui permettrait de mener à bien la politique de *solidarité des salaires.*

Après une période d'essai, les confédérations patronales et ouvrières concluaient, en 1957, un accord valable pour deux ans; pour un an en 1959; puis pour deux ans en 1960, 1962, 1964. En 1966 l'accord était conclu pour trois ans; en 1969 pour deux ans, etc.

Ces négociations, à l'échelle de l'économie suédoise, donnent généralement lieu à de longues discussions. Elles sont menées en même temps au niveau des fédérations d'industries et au niveau des deux confédérations. La Confédération patronale et la Confédération du travail font conjointement des recommandations (par exemple le niveau des salaires à ne pas dépasser), dont les fédérations patronales et ouvrières doivent tenir compte dans l'établissement définitif des conventions collectives. Les deux confédérations interviennent au besoin pour faire accepter leurs recommandations. La négociation est close quand ces recommandations sont acceptées par les fédérations dans leur ensemble.

Il n'a été fait été, jusqu'alors, que des conventions et accords ayant pour partenaires la confédération patronale et la confédération ouvrière. Les textes cités - tel celui de la convention de Saltsjöbaden - ne mentionnent, on l'a vu, que deux groupes sociaux : les employeurs et les ouvriers.

C'est que, jusqu'à la Seconde Guerre mondiale, le syndicalisme non ouvrier en Suède est resté peu développé. S'il existe depuis 1905 une Fédération des contremaîtres et, depuis 1910, une Fédération des employés d'industrie, on n'envisage pas que des conflits ouverts puissent éclater entre employeurs et employés et, partant, qu'il soit nécessaire de négocier.

Mais avec l'accroissement des effectifs non ouvriers et l'extension des services de l'Etat qui accompagnent le développement industriel, le mouvement syndical non ouvrier se développe. Des syndicats non ouvriers se créent, se constituent en fédérations qui se groupent, pour l'essentiel, dans la Confédération générale des fonctionnaires et employés de Suède (en abrégé suédois : T.C.O.), et, pour ceux qui ont une formation de niveau universitaire, dans la Confédération générale des travailleurs intellectuels de Suède (S.A.C.O.) (2).

En 1957 et 1959, la Confédération patronale conclut donc avec la Fédération des employés d'industrie (185.000 membres) et la Fédération des contremaîtres (50.000 membres) rattachés à la confédération T.C.O., deux conventions de base identiques dans leur esprit à la convention de Saltsjöbaden.

En 1966, les fonctionnaires de l'Etat et des communes - 300.000 emplois - bénéficiaient à leur tour du droit de négociation et de l'usage des moyens de la lutte syndicale reconnus aux salariés du secteur privé (à l'exception de certains fonctionnaires d'autorité). Les dispositions de la convention de Saltsjöbaden leur devenaient applicables selon certaines modalités.

Peu à peu, les négociations sur les salaires et les conditions de l'emploi en étaient venues à couvrir presque tout le champ de l'activité économique et sociale suédoise. Y prennent désormais part : la Confédération patronale suédoise (23.807 employeurs occupant 1.220.962 salariés), l'Etat et les communes employant 300.000 fonctionnaires et 200.000 autres salariés; la Confédération générale du travail (1.600.000 adhérents), la Confédération générale des fonctionnaires et employés (600.000 adhérents), la Confédération générale des travailleurs intellectuels (90.000 adhérents), la Fédération des fonctionnaires (S.R.). Au total, plus de 2.300.000 salariés adhérant à une organisation syndicale, liés par les accords que leurs représentants sont habilités à conclure avec leurs employeurs.

Notes

---

1. Ce «conciliateur» désigné peut être un individu ou une commission.

2. Il existe aussi une Fédération des Fonctionnaires (S.R.), non rattachée à une confédération, qui groupe les cadres supérieurs des Chemins de fer, des Postes, des Douanes et les officiers de l'armée, etc. Elle se rattachera ultérieurement à S.A.C.O.

Chapitre 4

LE PARTI SOCIAL-DEMOCRATE

Les négociations centralisées sur les salaires et les conditions de l'emploi s'étaient donc, peu à peu, imposées dans la logique de la collaboration entre la social-démocratie et le patronat suédois : planifier à plus ou moins long terme - d'un an à trois ans - le mouvement des salaires et les conditions de l'emploi, permettait de faire des prévisions à l'échelle de l'économie suédoise dans son ensemble.

La centralisation supposait toutefois que les négociateurs - patronaux et ouvriers - aient assez d'autorité sur ceux qu'ils représentaient pour obtenir qu'ils observent les recommandations qui leur étaient faites. Ce qui impliquait le consentement des intéressés (la conscience de leur communauté d'intérêt et de la justesse des solutions proposées) et (ou) des moyens statutaires qui permettent aux négociateurs de faire taire au besoin les divergences dans les rangs de ceux qu'ils représentaient.

Il apparaît bien que ce fut le cas.

S'agissant d'un des deux principaux partenaires sociaux -le mouvement ouvrier suédois- on ne peut séparer le Parti ouvrier social-démocrate suédois et la Confédération générale du travail. Si, statutairement, les deux organisations ne se confondent pas, elles vivent dans une osmose telle - idéologiquement et pratiquement - que leur abord ne peut être que simultané.

On a déjà dit que l'introduction des idées socialistes en Suède avait été tardive. Elle fut le fait d'un ouvrier de Malmö, émigré en Allemagne, où il adhéra à la section allemande de l'Internationale ouvrière : August Palm.

Lorsqu'il revient en Suède en 1881 et commence à se faire le propagandiste des idées socialistes, August Palm se heurte à l'hostilité de la bourgeoisie qui l'emprisonne, de l'Eglise qui dénonce son athéisme, d'universitaires suédois acquis au socialisme de la Chaire de leurs collègues allemands (ils considèrent l'Etat prussien de Bismarck comme une forme d'Etat populaire s'acheminant vers le socialisme par la voie de réformes).

August Palm se heurte aussi à l'incompréhension des ligues de tempérance qui attendent de l'extinction de l'alcoolisme la solution du problème social; des sociétés éducatives; d'ouvriers même qu'effraient les idées de révolution que Palm apporte de l'étranger.

Le programme que propose Palm (1882) est pourtant modéré. Inspiré du programme des socialistes allemands - du programme de Gotha, dont Marx avait fait une vive critique lors de sa publication - ce programme demande la suppression des impôts indirects qui frappent les consommateurs populaires et leur remplacement par un impôt direct progressif sur la fortune et les revenus (ce qui figure effectivement dans le Manifeste communiste). Palm demande aussi la limitation de la journée de travail à dix heures, l'interdiction du travail des enfants âgés de moins de quatorze ans, des mesures de protection en faveur des femmes travailleuses, la salubrité des lieux de travail et des habitations; une assurance de l'Etat contre la maladie, les accidents de travail, la vieillesse, etc.

Ces revendications - à l'exception de la question des impôts - rejoignent celles des associations de secours mutuels, des ligues de tempérance, de la petite bourgeoisie, d'éléments de la bourgeoisie éclairée qui «se penchent» sur les conditions de vie des classes laborieuses.

Mais dès l'année suivante (1883), Palm ajoute un nouveau point à son programme : le droit de vote pour tous les Suédois âgés de vingt et un ans.

Cette revendication du suffrage universel va marquer idéologiquement le mouvement ouvrier suédois. Alors qu'en France, à la même époque, une fraction des socialistes s'efforce de montrer les limites, voire les illusions, du suffrage universel

- comment son exercice est faussé par les moyens de pression économiques et idéologiques dont dispose la bourgeoisie (l'emploi, la presse, l'Eglise, l'enseignement, etc.) - les socialistes suédois vont se fixer comme objectif primordial de l'obtenir. Le suffrage universel dont on ne dispose pas encore, sera le moyen par lequel les travailleurs suédois parviendront à s'ériger en une force politique capable de renverser la domination capitaliste : «Le premier point à régler n'était pas de savoir si nous pouvions accéder au pouvoir. La grande question fut de savoir comment conquérir des libertés politiques. Pour y parvenir nous avions besoin de l'aide des partis bourgeois. Alors il fut décidé qu'il était sage de ne pas trop parler de grande révolution jusqu'à ce que nous obtenions avec les libéraux, partisans du suffrage universel, une majorité.» (Conversation citée avec Ernst Wigforss.)

Pour atteindre, avec le concours des libéraux, cette majorité parlementaire en faveur du suffrage universel, les sociaux-démocrates suédois éviteront donc de «trop parler de grande révolution». On fera preuve de «prudence» sur les positions premières. Sur la question religieuse : on ne demandera plus la séparation de l'Eglise et de l'Etat (1); sur celle de l'alcoolisme : on ne critiquera plus de front les illusions des ligues de tempérance; nombre de députés socialistes seront des abstinents; sur la question royale : on n'insistera plus sur l'abolition de la royauté...

Cette attitude rassurante du Parti social-démocrate lui rallie une fraction iportante des couches populaires, craintives jusque-là à son égard, et rend possible l'alliance avec les libéraux. Peu à peu l'hostilité des ligues de tempérance, des sectes religieuses s'estompe.

De 3.194 membres en 1889, le Parti social-démocrate passe à 7.625 en 1894, à 44.489 membres en 1896. La même année, malgré le caractère restreint du corps électoral (9,5% de la population), le Parti fait élire son premier député en la personne d'un intellectuel, Hjalmar Branting, qui n'a cessé d'opposer son «réalisme» politique aux positions «doctrinaires» de l'ouvrier August Palm. Cette élection d'un député socialiste accroît d'un coup le prestige du Parti.

Aux élections de 1902, le Parti social-démocrate fait élire trois nouveaux députés; puis treize en 1905; trente-quatre en 1908. Contrecoup de l'échec de la grande grève de 1909, les effectifs du Parti tombent de 112.293 en 1908 à 55.248 en 1910. Toutefois, l'élargissement du corps électoral accordé la même année (19% de la population sont admis à voter) permet de faire élire 64 députés en 1911 et 87 en 1914. Le Parti social-démocrate est devenu le Parti le plus important à la Chambre des députés.

En 1917, quatre sociaux-démocrates entrent au gouvernement afin, explique le Parti, de hâter l'adoption du suffrage universel. Celui-ci est obtenu en 1918 - femmes comprises.

Lorsque le Parlement vote la loi de huit heures, «le prolétariat et les syndicats eurent vraiment la conscience que c'était nous qui étions responsables de ces réformes et qu'il ne s'agissait pas d'un don du ciel.» (Ernst Wigforss.)

Après les élections de 1920, favorables au Parti social-démocrate, le roi invite Hjalmar Branting, président du Parti, à former le gouvernement.

Le congrès du Parti, qui se tient la même année à Göteborg, est toutefois marqué par une tendance à la radicalisation. Ayant obtenu, avec le suffrage universel, la «démocratie politique», le Parti doit se fixer pour tâche d'obtenir maintenant la «démocratie économique». Sous l'impulsion d'Ernst Wigforss le congrès propose «la socialisation des sources des matières premières, des industries, du crédit, des moyens de transport et des communications selon un plan à établir». Par «socialisation», on entend non pas la direction des entreprises et des services par l'Etat, mais par des représentants des travailleurs, des consommateurs et des «intérêts de la société» dans son ensemble. Les propriétaires des entreprises et services ne seront pas expropriés sur le champ, mais progressivement, par le jeu de l'impôt sur le revenu.

Dans cet élan, une commission parlementaire «pour la socialisation, la démocratisation industrielle et le contrôle des trusts» voit le jour, dont les travaux resteront toutefois sans conclusion.

En 1920, Hjalmar Branting n'a pu se maintenir que

quelques mois au pouvoir; l'année suivante (le Parti vient d'obtenir 93 députés), il est appelé par le roi à assumer de nouveau la charge de Premier ministre. La crise économique qui suit presque partout la fin de la guerre, développe alors ses effets. Hjalmar Branting se trouve présider à la reprise économique qui s'amorce bientôt à l'échelle mondiale : de 120.000 en janvier 1922, le nombre des chômeurs suédois inscrits tombe à 55.000 en janvier 1923. De telle sorte que nul ne pourra dire avec certitude ce qui, dans cette reprise, revenait au Parti social-démocrate et ce qui revenait à la conjoncture... Le prestige populaire des sociaux-démocrates s'en trouve accu. Evincés de nouveau du pouvoir par l'opposition «bourgeoise» (en 1923 et 1926), les sociaux-démocrates y seront ramenés par les développements de la crise de 1929. Aux élections de 1932 qui suivent les événements d'Adalen, le Parti obtient 41,7% des suffrages et 104 députés.

Président en exercice du Parti social-démocrate, Per Albin Hansson devient Premier ministre. Répétition de 1922 ? La reprise économique qui s'amorce à l'échelle mondiale fait que de 171.540 en janvier 1934, le nombre des chômeurs suédois tombe à 78.918 en septembre, puis à 41.190 à l'automne de 1935. Le Parti social-démocrate recueille une fois encore les fruits politiques de la solution de la crise. La reprise permet de répondre aux revendications populaires : pensions de vieillesse, allocations-logements, congés payés, etc. Aux élections de 1940, les socialistes obtiennent la majorité absolue des suffrages (53,8%) et des sièges.

Assuré de cette majorité absolue, le Parti social-démocrate va-t-il pousser ses avantages ? Ou estime-t-il encore «sage de ne pas trop parler de grande révolution» ? Une orientation trop radicale de la politique suédoise ne pourrait-elle conduire Hitler à étendre à la Suède les hostilités dont sont victimes les peuples voisins ? Plus fondamentalement, on l'a dit, le choix a déjà été fait : celui de «collaborer avec les dirigeants capitalistes à un grand plan de mise en valeur des ressources [de la Suède] et dans l'idée [d'obtenir] ainsi l'expérience nécessaire pour diriger l'économie du pays». (Ernst Wigforss.)

Durant la guerre, un gouvernement de coalition dirige le pays. Le nouvel après-guerre est marqué, comme le précédent (1920), par une bouffée de radicalisme. Le programme d'après-guerre du mouvement ouvrier, adopté par le congrès du Parti social-démocrate de 1944, prévoit la nationalisation des banques, des compagnies d'assurances, de la distribution des produits pétroliers, etc. On s'attend alors à une crise profonde de l'économie capitaliste. On tend à se rapprocher de l'Union soviétique.

Mais la crise ne vient pas. En 1947, les projets de nationalisation sont abandonnés. L'idée qui triomphe est celle du développement capitaliste de l'économie suédoise sous le contrôle du Parti social-démocrate. L'économie capitaliste produit des richesses que le Parti social-démocrate, par la progressivité de l'impôt sur le revenu, s'efforcera de répartir le plus équitablement possible. La menace d'imposer au patronat, par voie législative, ce qu'il refuserait par la négociation, constituerait, estime-t-on, une épée de Damoclès suffisamment dangereuse pour imposer au patronat les vues socialistes...

Le nombre considérable de voix recueillies par le Parti social-démocrate aux élections (44,6% en 1956, 47,8% en 1960, 47,3% en 1964, la majorité absolue (50,1%) en 1968), les adhésions qu'il reçoit dans la classe ouvrière semblent aux dirigeants du Parti des témoignages suffisamment éloquents de leur audience populaire.

Notes

---

1. Tout Suédois est, à sa naissance, réputé appartenir à l'Eglise d'Etat de confession luthérienne. Depuis 1952, il est possible de «sortir» de l'Eglise à condition d'en faire la demande. Celui qui est «sorti» de l'Eglise ne paie plus la part de l'impôt qui correspond à la fonction religieuse des pasteurs, mais continue à payer la part de l'impôt qui correspond à leur fonction administrative : les pasteurs suédois continuent d'assurer les services de l'état civil. Les enfant nés de parents «sortis» de l'Eglise n'appartiennent pas à l'Eglise. (A partir du 1er juillet 1991, la fonction administrative des pasteurs sera confiée aux offices départementaux des impôts.)

Chapitre 5

LA CONFEDERATION OUVRIERE (I)

Dès l'origine, les militants du parti social-démocrate se sont efforcés - on l'a dit encore - d'organiser les ouvriers suédois dans des syndicats. En 1889 le congrès constitutif du Parti social-démocrate réunit, pour l'essentiel, les délégués des organisations syndicales constituées. Le Parti joue le rôle de centrale syndicale jusqu'en 1898, date où il prend l'initiative de fonder la Confédération générale du travail (L.O.).

Les statuts du L.O. consacrent sa filiation social-démocrate : «Les organisations affiliées sont tenues d'adhérer au Parti social-démocrate dans un délai de trois ans après leur affiliation à L.O. Dans le cas contraire, l'organisation en cause est automatiquement exclue de L.O.»

Deux ans plus tard, le nouveau congrès de L.O. revient sur ces dispositions draconiennes. L'obligation d'adhérer au Parti social-démocrate fait place à l'invitation à adhérer : «Il appartient à L.O. d'encourager chaque section locale [syndicale] à adhérer à la Communauté des travailleurs de l'endroit [la section du Parti] et, par là, à devenir membre du Parti social-démocrate.»

Cette atténuation n'apporte pas les résultats attendus: l'affirmation de liens étroits entre l'organisation syndicale et le Parti social-démocrate trouble les rapports avec le Parti libéral, dont l'alliance est indispensable pour obtenir le suffrage universel.

Le congrès de L.O. de 1909 -l'année de la grande grève-abolit donc toute référence statutaire au Parti social-démocrate. Mais cette abolition est accompagnée d'une déclaration qui marque les limites de la concession faite : «Le congrès considère le Parti social-démocrate suédois comme le représentant naturel et logique des aspirations politiques de la classe ouvrière de ce pays.»

Le Parti social-démocrate et L.O. portèrent donc, au long des années, une grande attention à ce que ne s'affaiblisse pas «l'esprit d'unité et de solidarité au sein du mouvement ouvrier».

Tout d'abord, l'abrogation de l'obligation d'adhérer (1900), puis de l'encouragement à adhérer (1909), ne signifiaient pas que les organisations syndicales adhérentes devaient quitter le Parti social-démocrate, ni que des syndicats ne pouvaient, désormais, lui apporter leur adhésion.

Les statuts du Parti social-démocrate ont ainsi maintenu deux catégories d'adhérents : les adhérents «individuels» - ceux qui adhèrent au Parti en s'adressant directement à lui - et les adhérents «collectifs». On est adhérent «collectif» en qualité de membre des Jeunesses socialistes (58.800 membres); de l'organisation des Femmes socialistes (54.700 membres); de l'Union des social-démocrates chrétiens (8.800 membres).

On peut l'être aussi en tant que membre de son syndicat.

L'adhésion d'une organisation syndicale se fait, en effet, par vote ou par référendum : si la majorité absolue des membres d'une section syndicale d'entreprise se prononce pour l'adhésion au Parti social-démocrate, tous les membres de l'organisation syndicale sont réputés être membres du Parti, à l'exception de ceux qui, faisant usage du droit de réserve, signifient par écrit à la section locale du Parti qu'ils ne désirent pas en être membres. Dans la pratique peu d'ouvriers font usage du «droit de réserve», sinon les ouvriers communistes (il est plus facile de se taire que de se singulariser) (1). Une organisation syndicale adhérente au Parti verse au Parti une fraction de la cotisation syndicale de ses membres comme cotisation au Parti. La cotisation des membres du syndicat qui ont refusé d'être membres du Parti est conservée par l'organisation syndicale.

En 1970, sur les 907.000 membres du Parti social-démocrate, 600.000, soit les deux tiers, en sont membres en qualité de membres d'une organisation syndicale adhérente. Ces 600.000 membres du Parti adhérents «collectifs» représentent 40% des effectifs de L.O. (2).

Cette «osmose» au niveau des adhérents entre le Parti social-démocrate et la Confédération du travail est complétée par une osmose plus intime encore au niveau des cadres et des dirigeants.

Pratiquement tous les cadres des syndicats ouvriers sont membres du Parti (la lutte est souvent vive pour écarter les militants communistes des postes de responsabilité). Lors des négociations salariales, L.O. et le gouvernement social-démocrate se consultent. Les négociateurs sont toujours membres du Parti.

Au plus haut niveau, le président de L.O. est membre du comité restreint où se décident les grands choix de la politique social-démocrate. Le parti est représenté dans les congrès syndicaux et L.O. dans les congrès du Parti.

Beaucoup de cadres du Parti ont fait leurs premières armes dans l'organisation syndicale, selon la filière courante : membre du syndicat et du Parti, dirigeant de l'organisation syndicale locale, conseiller municipal du Parti, cadre délégué par le Parti dans les organismes publics ou semi-publics qu'il contrôle, etc.

Les organisations syndicales participent très largement au financement des activités du Parti, tant sur le plan local que national : aide à la presse, à la propagande, aux écoles du Parti. Les organisations syndicales font un effort particulier en période électorale. Ce que les partis politiques «bourgeois» (3) disent ne pouvoir admettre. Dans les conditions de la Suède, observent-ils, l'adhésion d'un ouvrier à L.O. est pratiquement obligatoire...

L'activité déployée à l'origine par les militants socialistes pour former des syndicats ouvriers, l'attitude négative des partis «bourgeois» à l'égard des revendications ouvrières, leur résistance à établir le suffrage universel et leur opposition à la politique sociale du Parti social-démocrate, l'absence en Suède de l'élément de division idéologique du mouvement ouvrier qu'a constitué dans de nombreux pays l'activité de l'Eglise catholique (syndicats chrétiens opposés aux syndicats non chrétiens), ont donné (laissé) à la social-démocratie une sorte de monopole d'influence sur la classe ouvrière suédoise. C'est un fait que si le nombre des députés socialistes d'origine ouvrière tend à diminuer depuis la Seconde Guerre mondiale, les partis «bourgeois» n'en comptent aucun dans leur rangs.

Les organisations syndicales qui se créeront ultérieurement, puis se regrouperont après la Seconde Guerre mondiale dans la Confédération générale des fonctionnaires et employés de Suède (T.C.O.) ou la Confédération générale des travailleurs intellectuels de Suède (S.A.C.O.) ne se proposèrent pas d'organiser les ouvriers mais, on l'a vu, d'autres catégories sociales : employés, fonctionnaires, cadres.

De ce fait tout Suédois (ou Suédoise) arrivant sur le marché du travail en qualité d'ouvrier (ouvrière), ne peut qu'adhérer au syndicat L.O. D'abord par sentiment de classe : L.O. est depuis toujours le syndicat des ouvriers... Aussi parce que l'adhésion à L.O. offre à ses adhérents des garanties dans le domaine de l'emploi. S'il est vrai que les ouvriers non syndiqués bénéficient de toutes les dispositions contenues dans les conventions collectives et de toutes les garanties qu'offre la loi, le fait que la loi, les conventions et accords reconnaissent expressément à l'organisation syndicale la représentativité des ouvriers, invite à l'appartenance à l'organisation syndicale (4).

Le nouvel ouvrier qui ne désirerait pas être syndiqué, devrait aussi se singulariser en demandant à ne pas l'être... Si la section syndicale de son entreprise se trouve adhérer au Parti social-démocrate, il s'en trouve membre, à moins qu'il ne fasse usage - en se singularisant à nouveau, de son «droit de réserve»... Sa cotisation dont, selon le cas, une fraction sera transmise au Parti social-démocrate en tant que cotisation au Parti - sera dès lors retenue par son employeur sur son salaire et reversée par celui-ci à l'organisation syndicale (5).

Cette cotisation est relativement élevée. Elle varie selon les branches d'industrie et les entreprises. Une part revient à l'organisation locale, et une autre, la plus importante, à la fédération nationale; celle-ci ristourne, à son tour, un certain pourcentage à la Confédération (L.O.).

La Fédération d'industrie et la Confédération (L.O.) consacrent une part des cotisations qu'elles reçoivent à leur activité administrative et une autre part à la constitution d'un fonds destiné à indemniser leurs membres en cas d'arrêt de travail (grève ou lock-out patronal).

L'importance de ce fonds peut jouer un rôle décisif lors des négociations salariales en rendant crédible une menace de grève prolongée pour le cas où le patronat refuserait de prendre en considération des demandes syndicales (6).

Ces moyens financiers mis à la disposition des directions syndicales social-démocrates, leur donnent des moyens d'influence idéologique considérables : journaux d'entreprise, écoles syndicales, etc. Cette influence d'ordre idéologique est dans une large mesure à la base de leur autorité (7).

Mais autorité que les statuts de L.O. peuvent, au besoin, sauvegarder.

Depuis le début des années 1950, parallèlement à la tendance à négocier centralement les conditions de salaire, diverses modifications ont été apportées aux statuts de L.O. dénotant une forte tendance à la concentration des pouvoirs de décision.

On avait déjà noté les dispositions de la convention de Saltsjöbaden remettant aux fédérations d'industrie le soin de décider en dernier ressort de l'opportunité d'»actes d'hostilité» de la part des sections locales à l'égard de leur employeur. Cette dépossession des sections syndicales locales de leur droit d'initiative au profit des fédérations était exprimée dans l'article 2 du chapitre II des statuts de L.O., selon lequel toute organisation syndicale désirant adhérer à L.O. devait insérer dans ses propres statuts, une clause reconnaissant «au comité exécutif de la Fédération, le droit de statuer en dernier ressort sur l'annulation des contrats collectifs, sur l'acceptation ou le rejet d'une proposition d'un tel contrat, ainsi que sur le recours aux mesures d'hostilité».

Cette subordination des sections locales aux comités exécutifs des fédérations s'accompagnait bientôt d'une mise en surveillance de ces mêmes comités exécutifs fédéraux par le comité directeur de la confédération :

«Les organisations membres de L.O. (les fédérations) ne devront pas recourir à des mesures d'hostilité si celles-ci doivent affecter plus de 3% du nombre de leurs membres sans avoir obtenu la permission du comité directeur. Des mesures d'hostilité ne peuvent pas plus être prises sans l'autorisation du comité directeur si l'on peut craindre qu'un lock-out en résulte, affectant plus de 3% du nombre des membres de la fédération en question ou d'autres fédérations affiliées, ou si l'on peut craindre que la grève cause la mise à pied d'un nombre de membres qui, ajouté à celui de ceux qui se trouvent directement affectés par la grève, s'élèverait à plus de 3% du nombre de la fédération en question, ou la mise à pied d'un grand nombre de membres d'autres fédérations affiliées.» (Chap. XV, art. 8.)

Ainsi, une fédération d'industrie telle que celle des ouvriers métallurgistes (337.241 membres) ne saurait entreprendre de sa propre autorité aucune action affectant, ou pouvant affecter (menace patronale de lock-out), plus de 10.117 syndiqués, métallurgistes ou non.

Cette concentration accentuée des pouvoirs était sans doute impliquée dans le choix fait par la confédération ouvrière de collaborer avec une autorité patronale qui, en raison de l'évolution des forces productives en Suède, était elle-même conduite à accroître une centralisation très ancienne.

Notes

---

1. A l'entreprise Atlas Copco, de Nack , les 1.200 ouvriers sont membres du syndicat. Le syndicat est affilié collectivement au Parti social-démocrate : «De 40 à 50 ouvriers seulement, ont fait usage de leur «droit de réserve», et refusé l'affiliation» (conversation avec le président de la section

syndicale d'entreprise). Dans la même entreprise, 80% des 1.200 employés sont affiliés à la Confédération des employés (T.C.O.).

2. D'autres membres de L.O. sont membres du Parti à titre «individuel»; là, par exemple, où l'on ne pratique pas l'adhésion syndicale collective. Le nombre des adhérents «individuels» est de 450.000 environ. Ce qui signifie qu'il existe des membres du Parti affiliés collectivement par l'intermédiaire de leur section syndicale qui s'affilient aussi individuellement au Parti.

3. Précisons encore que les partis politiques représentés au Parlement reçoivent depuis 1965 des subventions de l'Etat proportionnellement au nombre de sièges qu'ils détiennent au Parlement. Le principal bénéficiaire est le Parti social-démocrate qui détient approximativement la moitié des sièges. Les partis reçoivent une aide de même nature au niveau communal, selon le nombre de mandats municipaux qu'ils détiennent. Ces subventions sont en principe destinées à soutenir la presse des partis politiques. 80% de la presse écrite restent toutefois influencés par les partis «bourgeois».

4. De plus, les fédérations d'industrie gèrent le fonds de chômage constitué par les cotisations ouvrières et des subventions de l'Etat. Elles gèrent également le fonds de grève.

5. Cette disposition - la retenue de la cotisation syndicale par l'employeur (privé, Etat ou commune) sur le salaire - explique, pour une part, le haut degré de syndicalisation en Suède. L.O. compte 1.600.000 membres dont 375.000 femmes (dont 910.000 salariés de l'industrie; 185.000 salariés du commerce et des services; 105.000 des transports et communications; 60.000 de l'agriculture et des forêts; 225.000 salariés des services publics). On estime que 90% à 95% de tous les salariés syndicalisables à L.O. (ouvriers) sont effectivement membres de L.O.

Sur 300.000 fonctionnaires, 275.000 sont organisés syndicalement, dont 150.000 affiliés à T.C.O., 75.000 au cartel des fonctionnaires de L.O. et 50.000 à d'autres organisations.

6. En cas de grève «officielle», c'est-à-dire déclenchée selon les normes et dans les circonstances prévues par la loi et les conventions, une indemnité est versée par la fédération à ses membres. Les fonds accumulés par la confédération (L.O.) sont destinés à aider les fédérations en conflit.

7. Le très grand nombre d'organisations - comités, commissions, conseils - où L.O. est représentée met aussi à la disposition des directions un nombre considérable de postes à pourvoir et de possibilités de promotion pour les cadres les plus fidèles.

Chapitre 6

LA CONFEDERATION PATRONALE (I)

A première vue, la structure de l'économie suédoise ne diffère guère de celle des pays capitalistes développés; si ce n'est, on l'a dit, par la faiblesse relative du secteur économique d'Etat (5,5% des salariés de l'industrie et du commerce), l'importance relative du secteur coopératif (4,5% des mêmes salariés) dans le domaine de l'industrie alimentaire et le commerce de détail.

Depuis 1950, et plus intensément au cours des dernières années, le mouvement de concentration des moyens de production a fait sentir ses effets: fermetures d'entreprises, absorptions, transformations en filiales. La nécessité pour les industries exportatrices suédoises de tenir leur place sur un marché mondial de plus en plus concurrentiel les a conduites à chercher la meilleure disposition de leurs forces.

Ce qui caractérise alors l'économie suédoise par rapport à d'autres économies de pays capitalistes développés, c'est d'une part sa structure de groupes : une société mère et de nombreuses filiales, tant en Suède qu'à l'étranger; d'autre part, le mode de propriété du capital des entreprises. Celui-ci est rarement concentré entre les mains de quelques individus, mais possédé, le plus souvent par des sociétés constituées par des banques, des sociétés d'assurances, des sociétés d'investissements ou de portefeuilles, des fondations (telle la fondation Nobel ou la fondation Knut et Alice Wallenberg). Dans ces sociétés, les participations réciproques sont la règle: une part des actions d'une entreprise est souvent possédée par une autre entreprise qui, elle-même, etc. Ce qui donne à la propriété du capital dans l'industrie suédoise l'aspect d'un véritable réseau d'intérêts où les liaisons s'entremêlent, se chevauchent, se perdent et se retrouvent laissant deviner, toutefois, ici et là, des textures plus denses où quelques mêmes noms apparaissent : de banques, de familles ou d'individus.

Une enquête prescrite par le ministère des Finances suédois a ainsi mis au jour l'existence de dix-sept grands groupes de propriétaires de capital - souvent liés entre eux - qui dominent par le jeu des répartitions multiples l'ensemble de l'activité industrielle suédoise, la majorité des actions dans quinze d'entre eux étant détenue par quinze groupes familiaux dont le plus connu est celui de la famille Wallenberg (1). Les résultats de l'enquête permettaient de conclure à l'existence en Suède d'une centralisation du pouvoir économique qui semble sans égale dans le monde.

L'origine de cette structure particulière de l'économie suédoise - le rôle prédominant de quelques groupes financiers - pourrait être trouvée, pour une part, dans le processus par lequel s'est opéré, à la fin du siècle dernier et au début de ce siècle, le développement industriel en Suède. Plus qu'ailleurs, il fut l'oeuvre, on l'a dit, non de l'activité industrielle préexistante, mais de l'activité des banques suédoises drainant vers la Suède les capitaux nécessaires aux investissements puis ouvrant à l'industrie suédoise les marchés extérieurs.

Par la suite, de nombreuses entreprises de caractère familial tombèrent sous l'influence des banques à l'occasion des difficultés financières que les conflits sociaux renouvelés et prolongés, les crises et les récessions économiques occasionnèrent.

Cette concentration d'intérêts économiques en très peu de mains, dans un petit pays, ne peut-elle éclairer certains aspects de la société mixte suédoise? Quelques groupes financiers peuvent ainsi imposer très tôt aux employeurs sous leur dépendance une stricte discipline d'action. (Le fait qu'en Suède les grandes entreprises ont, dans leurs branches respectives, une situation de quasi-monopole ou, si elles se concurrencent, c'est souvent à l'intérieur d'un même groupe financier qui les contrôle, les conduit moins à s'opposer qu'à s'entendre pour la défense de leurs intérêts communs.) De plus, jusqu'à une époque récente, les sociétés suédoises n'eurent pas à faire appel à l'Etat en tant que collecteur et fournisseur de capitaux. Les capitaux privés suffirent à assurer les investissements. De là, la possibilité de planifier «entre soi» le développement économique sans avoir besoin de recourir à des organismes d'Etat (2).

Cette situation n'aurait-elle pas alors facilité le «partage des tâches» entre la social-démocratie suédoise (le politique) et le patronat (l'économie) ?

A ce titre, présenter ce que l'on nomme «la séparation de l'économique et du politique» en Suède comme le résultat enviable de la société mixte relèverait d'une illusion d'optique. On peut légitimement se demander si ce ne serait pas la société mixte qu'il faudrait considérer non comme cause mais comme résultat de cette structure particulière de l'économie suédoise.

Historiquement, la création de la Confédération patronale suédoise (S.A.F.) répondait en 1902 à la création quatre ans plus tôt de la Confédération générale du travail (L.O.); plus précisément à la grève pour le suffrage universel (1902) qui venait de mettre en évidence, durant trois jours, la capacité d'organisation du mouvement ouvrier.

Par le compromis de 1906, la Confédération patronale avait reconnu l'existence de la Confédération générale du travail; mais se faisait reconnaître par elle le droit imprescriptible des employeurs de gérer librement leurs entreprises. Elle veillera à ce que, quelle que soit la nature des accords et conventions négociés avec la Confédération du travail, ce droit soit toujours, en dernière instance, préservé.

La Confédération patronale suédoise a le quasi-monopole de la représentation patronale. Au 31 décembre 1969, elle groupait 23.807 employeurs occupant 1.220.962 salariés. Dès sa création, elle exigea de ses membres une discipline stricte afin de présenter un front sans fissure aux revendications ouvrières.

Les statuts de la confédération font actuellement obligation à chacun de ses membnres :

1. De mettre à la disposition de la confédération une garantie contributive égale à 2% du montant des salaires versés l'année précédente. Cette garantie ne peut jamais être inférieure à 10.000

francs (art. 28). Cette somme est destinée à s'assurer que l'employeur adhérent observera la discipline de la confédération.

2. De payer une cotisation fixée chaque année par la confédération proportionnellement au nombre de salariés qu'il emploie (art. 30).

Ceci accompli, l'employeur doit s'engager à respecter les règles suivantes :

1. Ne signer aucun contrat collectif avec un syndicat ouvrier sans en avoir soumis le projet, pour approbation, au conseil d'administration de la confédération. Ce contrat doit stipuler «le droit pour l'employeur d'embaucher ou de congédier librement ses ouvriers, de diriger et répartir le travail et d'employer des ouvriers affiliés à n'importe quel syndicat ou n'appartenant à aucun syndicat» (art. 32).

2. Ne «donner en temps de grève ou de lock-out, directement ou indirectement, contrairement à la décision du Conseil d'administration, ni du travail, ni aucun autre appui à des grévistes ou à des travailleurs lock-outés ou autrement affectés par le conflit» (même article).

3. Ne recourir à aucune mesure de lock-out des ouvriers de son entreprise sans l'approbation du conseil d'administration de la confédération (art. 34). Lorsqu'un lock-out est décidé par le conseil d'administration de la confédération, l'employeur est tenu de s'y conformer dans le délai et les formes prescrites (art. 36)

4. Tout employeur qui enfreint la solidarité patronale en ne se conformant pas aux statuts et aux décisions du conseil d'administration de la confédération peut être condamné par la confédération à verser «des dommages et intérêts que celle-ci jugera équitable d'exiger» (art. 42). Ces dommages et intérêts seront prélevés sur la garantie contributive prévue à l'article 28. Leur montant pourra être égal à la totalité de cette garantie.

5. En revanche, l'employeur qui se conforme strictement aux statuts et aux décisions du conseil d'administration est indemnisé pour les pertes qu'il peut subir du fait d'un arrêt de travail (grève ou lock-out) à raison de 0,025% de la somme des

salaires déclarés par jour ouvrable et proportionnement, s'il y a lieu, au nombre des ouvriers en conflit (art. 31).

Pour permettre l'indemnisation des pertes subies par ses membres dans ces conditions, la confédération patronale dispose, comme la confédération ouvrière, d'un fonds de réserve constitué par les cotisations capitalisées. Ce fonds s'élevait, en 1969, à 510.300.000 francs (3).

L'autorité centrale de la confédération patronale est le conseil d'administration composé de 29 membres (et 29 suppléants) pour une part désignés par les fédérations d'industrie et pour une autre part élus par l'assemblée générale (4).

L'examen de la liste nominative des membres du conseil d'administration en exercice montre qu'à côté des présidents de fédérations d'industrie ou du commerce -personnalités de poids dans leur branche - figurent les présidents-directeurs généraux ou les directeurs de treize des plus grandes sociétés industrielles suédoises, parmi lesquelles A.S.E.A. (32.401 salariés), Skanska Cementgjuteriet (17.518), Grängesberg (16.010), Facit (12.832) (chacune de ces quatre sociétés est représentée deux fois), Volvo (24.268), Saab (13.699), Svenska Cellulosa (14.121), Uddeholm (15.812), etc.

Le comité directeur de la confédération patronale exerce une grande influence sur la vie suédoise. Non seulement parce qu'il joue un rôle déterminant dans la fixation des salaires et des conditions de l'emploi, dans la planification de l'économie, etc., mais encore par la présence de ses membres ou représentants dans un très grand nombre d'organismes d'Etat : la direction nationale du marché du travail, le conseil de planification économique, le conseil national des assurances, le comité pour l'aménagement du territoire, le conseil de la politique industrielle, le conseil de planification pour les questions concernant l'éducation, la direction nationale de l'enseignement, etc. En tout, 97 comités ou commissions couvrant l'ensemble des activités nationales.

Cette concentration des pouvoirs entre les mains du conseil d'administration de la confédération patronale a, sans aucun doute, influencé l'évolution de son partenaire principal, la confédération ouvrière : les pouvoirs du Comité directeur de

L.O. ont tendu peu à peu à correspondre aux pouvoirs détenus par le Conseil d'administration de S.A.F. : approbation en dernier ressort du contenu de tout contrat collectif, approbation ou refus des actions à entreprendre, etc.

Mais si, du côté des employeurs, la masse des adhérents (les petites et moyennes entreprises souvent tributaires, comme sous-traitants, des grandes entreprises, en tout cas tributaires des banques) n'ont guère les moyens de s'opposer à cette évolution, il n'en est pas de même, on va le voir, du côté des syndicats ouvriers.

Notes

1. Au total, la famille Wallenberg préside les conseils d'administration de 59 sociétés anonymes suédoises.

2. «Ce monopole à plusieurs sur l'ensemble de l'économie peut ainsi sécréter un véritable pouvoir de planification privé, officieux certes, mais efficace. L'absence de planification gouvernementale ne vient-elle pas de ce qu'elle serait parfaitement inutile et ferait double emploi avec les réunions discrètes d'un groupe des puissants ou d'un club des présidents qui décideraient des orientations fondamentales ?» (Jean Parent, *Le Modèle suédois,* Calman Lévy éd., Paris, 1970, p. 158).

3. En cas de conflit entraînant un long arrêt du travail, la confédération peut demander à ses adhérents une contribution financière complémentaire prise sur la garantie contributive.

4. Les votes à l'assemblée générale de la confédération ont lieu - sauf pour l'élection du président de séance- selon le montant des garanties contributives que chaque participant représente, ce qui préserve la prééminence des grandes entreprises.

Chapitre 7

PROCEDURE OU CONJONCTURE ?

Rapporté à l'ensemble de la population, le produit national brut suédois est un des plus élevés du monde.

Le salaire minimum suédois -net d'impôts et retenues- est supérieur au salaire français correspondant,même si l'on tient compte du niveau des prix, plus élevés en Suède qu'en France (1).

Les Suédois bénéficient de services et d'équipements sociaux développés.

La moitié des logements existants ont été construits depuis la Seconde Guerre mondiale. Les cuisines sont livrées entièrement équipées : cuisinières, réfrigérateurs, etc. L'appartement est repeint tous les six à sept ans par les soins de l'organisme propriétaire.

L'urbanisme, parfois discuté, est le plus souvent de qualité.

En chiffres, l'état sanitaire de la Suède est exemplaire. L'espérance de vie à la naissance est de 71 ans pour les hommes et 75 ans pour les femmes (contre 67 ans et 74 ans en France). Le taux de décès des enfants de moins d'un an y est le plus bas du monde : 1,26 pour mille (en France : 2,17)

Le système scolaire est développé. La scolarité obligatoire est de neuf ans (de 7 à 16 ans); les écoles sont spacieuses, les maîtres disposent d'un matériel abondant, les effectifs maxima de 25 élèves par classe sont respectés; le repas de midi (gratuit) est pris à l'école par tous les élèves.

Le niveau élevé de la production suédoise est dû à divers facteurs :

1. La venue tardive de la Suède à l'industrialisation permit aux industriels suédois de bénéficier des expériences faites ailleurs. Ils adopteront la technique la plus avancée du temps. L'économie suédoise sera moins embarrassée que d'autres par l'existence de secteurs archaïques dont l'éviction pose des problèmes sociaux.

2. L'absence de charbon incitera très tôt la Suède à mettre en exploitation l'énergie électrique que les fleuves suédois pouvaient fournir en abondance. Le développement de la technique électrique aura un effet stimulant sur l'ensemble de l'industrie; et un effet heureux sur le paysage industriel qui aura moins à souffrir des poussières et des résidus de la combustion du charbon.

3. Venue tard à la puissance industrielle, la Suède ne sera pas présente lors du partage colonial du monde (fin du XIXe s.). Ne disposant ni de sources de matières premières réservées, ni de marchés privilégiés (colonies), l'industrie suédoise devra lutter pour faire sa place sur les marchés extérieurs. Commercialement liée à l'Angleterre libre-échangiste, elle devra affronter la concurrence des produits manufacturés étrangers sur son propre sol. Cet aiguillon de la concurrence aura un effet stimulant sur les industriels (2).

4. Le développement économique suédois ne sera pas interrompu par les guerres. L'étude comparée de l'évolution du revenu national depuis le début du siècle en Suède et dans les pays belligérants d'Europe, montre que si l'économie suédoise est affectée par le déroulement des conflits - surtout vers la fin : 1917 et 1943 -, l'économie suédoise «sort» plus rapidement de la situation de guerre que les économies des pays belligérants.

Si l'on donne l'indice 100 au revenu moyen par tête en prix réels atteints par la Suède et la France en 1913-1914, on constate qu'en 1926 le revenu suédois est à l'indice 104 et le revenu français à l'indice 94. Cette différence d'indice (10) se retrouve en 1929 (Suède : 118; France : 108). En 1935, Suède: 120; France : 110. Le nouvel avant-guerre semble favoriser la Suède : l'indice bondit de 110 en 1935 à 137 en 1937 (tandis que celui de la France régresse à 108).

Au total, l'augmentation du revenu national par tête de 1913-1914 à 1937 a été de 37% en Suède, de 8% en France, 6% en Angleterre, 2% en Allemagne durant la même période. Dans cette différence de taux d'accroissement, il faut faire entrer en ligne de compte le dynamisme propre à l'économie suédoise (venue plus tard à l'industrialisation dans les conditions dites, le taux de développement de début est nécessairement plus élevé que celui des nations déjà industrialisées); mais aussi l'influence des conflits (passés et à venir).

Le nouvel après-guerre présente une évolution identique. Toutefois, dès 1950, le taux d'expansion de l'économie suédoise va être en quelque sorte équilibré par celui des autres pays industriels.

5. Les Suédois travaillent beaucoup : en nombre, en durée et en intensité.

En nombre : la population active suédoise (occupant un emploi) représente 48,7% de la population totale (en France : 41%). Cette population active compte 2.450.000 hommes et - ce qui est beaucoup - 1.450.000 femmes dont 900.000 sont mariées et 200.000 mères d'enfants d'âge préscolaire. (Le niveau élevé de consommation suédois est donc, dans une forte proportion, le résultat d'un double salaire; on peut se demander si tant de femmes suédoises désirent occuper un emploi ou doivent occuper un emploi.)

En durée et en intensité : 88% de la population active est salariée (France: 71%), c'est-à-dire tenue à observer un horaire de travail strict et un rythme de travail imposé. Ce rythme est élevé.

38,9% de cette population active est employée dans l'industrie, le bâtiment et les mines; 7,4% dans l'agriculture (femmes comprises) qui parvient cependant à assurer 80% des besoins nationaux en produits alimentaires, ce qui suppose un taux d'activité élevé.

La retraite est plus tardive que dans les autres pays capitalistes développés : 67 ans en général - ouvriers des mines et enseignants compris.

6. Enfin, depuis 1945, la Suède a été exempte de conflits sociaux de nature à troubler gravement le rythme de la production.

Faut-il alors attribuer à la société mixte suédoise - la collaboration entre la social-démocratie (le politique) et le patronat (l'économique) - le niveau élevé de la production et la faiblesse relative du taux de chômage en Suède ? Et à l'*Esprit de Saltsjöbaden* (la coopération entre patronat et syndicats) le maintien de la «paix industrielle» et le haut niveau relatif des salaires ?

Sans aucun doute l'influence de l'idéologie social-démocrate s'est fait sentir au niveau de la répartition du revenu national. Cette répartition est plus égalitaire que dans les autres pays capitalistes par le jeu de la progressivité élevée de l'impôt sur le revenu des individus qui tend à fermer l'éventail des rémunérations (l'écart apparent entre les bas revenus et les hauts revenus); par la tendance à accroître la part du revenu national consommée collectivement (les services sociaux) plutôt qu'individuellement. Le résultat de cette répartition sociale-démocrate du revenu national a fait que l'on ne rencontre plus en Suède ni grandes détresses, ni quartiers à l'abandon. L'aide financière destinée à faciliter l'accès à l'université y est plus développée qu'ailleurs.

Certains aspects de cette répartition appellent, toutefois, quelques remarques. S'il est vrai, par exemple, que l'accroissement des salaires moyens réels des ouvriers d'industrie a été en Suède, entre 1950 et 1968, de 50% environ (en France : 47%), il faut noter que pour moitié cette augmentation du salaire réel suédois n'a pas été obtenue par les salariés dans le cadre des conventions collectives négociées entre la Confédération patronale et la Confédération générale du travail, mais hors de ce cadre : «Si l'on considère toute la période d'après-guerre comme une totalité, on estime généralement que la moitié à peu près des augmentations de salaires se sont faites en dehors des conventions. (...) La haute conjoncture qui régnait pendant toute cette période (...) avait engendré une surdemande de main-d'oeuvre qui, à son tour, entraînait un important glissement des salaires dans de nombreux secteurs. (...) Les entreprises firent de la surenchère pour se procurer de la main-d'oeuvre.» (3)

C'est une première rencontre - à propos des salaires - avec la conjoncture économique : en raison de la demande élevée des produits suédois depuis 1945, le patronat suédois jugea de son intérêt (et dans ses possibilités) de payer des salaires plus élevés qu'il n'était prévu dans les conventions collectives. Ces «glissements de salaire» furent le plus souvent obtenus par les ouvriers dont le patronat avait un besoin absolu, sous le couvert du calcul des taux de salaires aux pièces, qui reste la forme de rémunérations de plus de 60% des ouvriers d'industrie en Suède; les «glissements de salaire» obtenus dans ces conditions finissant par exercer une influence sur l'ensemble des rémunérations.

Ce fut souvent le résultat «d'actes d'hostilité» déclenchés par des groupes d'ouvriers en dehors de la procédure prévue par la convention de Saltsjöbaden. Selon W. Korpi et B. Abrahamsson, qui ont étudié les conditions de l'emploi dans l'industrie métallurgique suédoise, la moitié de l'accroissement de la capacité d'achat des salariés suédois, depuis la Seconde Guerre mondiale, serait due à des augmentations de salaire obtenues en dehors des conventions par suite d'actions directes non officielles prenant appui sur «la haute conjoncture qui régnait durant toute cette période».

Mais l'existence des conventions elles-mêmes ne doit-elle rien à cette conjoncture ? «Toutes ces conventions, remarque Stig Gustafsson dans une autre étude publiée par la confédération ouvrière, ont été mise sur pied et appliquées pendant une période très favorable pour le marché de l'emploi. Si une dépression [économique] intervenait, il est probable que cet esprit de coopération serait soumis à une tension considérable.» (4)

Ce qui conduit à préciser nos questions : dans quelle mesure le haut niveau relatif de consommation populaire en Suède doit-il être attribué à la collaboration entre la social-démocratie et le patronat suédois ? Et dans quelle mesure doit-il être attribué à la conjoncture ? Dans quelle mesure même cette collaboration et son maintien - la «société mixte» - ne seraient-ils pas le résultat d'une conjoncture économique mondiale éminemment favorable à la

Suède ?

Ou, sous une forme dérivée : la «paix industrielle» suédoise fut-elle essentiellement le fruit d'une procédure (la convention de Saltsjöbaden et les conventions annexes); ou fut-elle le fruit d'une conjoncture ?

Notes

---

1. Il s'agit ici du salaire minimum tel qu'il résulte des conventions collectives. Il n'y a pas en Suède de salaire minimum légal garanti.

2. «Une chance de la Suède aura été d'être un petit pays sans charbon et sans colonies.» (Conversation avec M. Stig Ramel, directeur de l'Association des exportateurs suédois, juin 1970.)

3. Rune Blomkwist, *Les négociations salariales dans la période d'après-guerre*, édité par la Confédération générale du travail, 1966, p. 11.

4. Rapport présenté devant le 28e congrès de la fédération suédoise des ouvriers métallurgistes, in *Bulletin du congrès*.

5. Stig Gustafsson, *La Paix du travail et son évolution en Suède*, publiée par la Confédération générale du travail, p. 18.

Chapitre 8

PRODUCTIVITÉ ET COUTS SOCIAUX

Sans entrer dans les détails, on peut dire que le développement industriel suédois fut longtemps basé sur deux produits que la Suède pouvait fournir en abondance et qui firent l'objet, depuis un siècle, d'une demande constante sur les marchés européens et nord-américains: le bois et ses dérivés (pâte à papier, papier, cellulose), le minerai de fer de haute teneur et ses dérivés (produits métallurgiques et mécaniques de qualité). Se préparant à la guerre, faisant la guerre, ou relevant leurs ruines, les principaux clients de la Suède - Allemagne, Angleterre et Belgique - ne cessèrent de réclamer du bois, du papier, du minerai, du métal ou du matériel : «L'absence de guerre a été un énorme avantage. A la fin de la dernière guerre, nous étions en mesure d'envahir le marché mondial. Nous avions aussi les matières premières demandées.» (1)

De nombreux industriels suédois pourraient tenir le langage de M. Kurt A. Belfrage, directeur d'Atlas Copco (perforatrices) : «La situation en Europe ravagée par la guerre était très favorable à la vente de matériel pneumatique pour les travaux publics et la construction (...). Nous avons été très avantagés, les premières années, par la situation de pénurie qui caractérisait le marché européen.» (2)

Mais beaucoup pourraient ajouter à sa suite : «La loi du vendeur primant, nous nous sommes trouvés dans une position favorable jusqu'en 1954-1955; mais à partir de cette date, le développement de la concurrence entraînant une augmentation massive de l'offre par rapport à la demande c'est la loi de l'acheteur qui s'est imposée.» (3)

La date mérite d'être notée : la fin de la guerre de Corée donne à penser qu'une troisième guerre mondiale n'aura pas lieu; la constitution de stocks stratégiques apparaît moins nécessaire. L'Europe, de plus, a relevé ses ruines et commencé à reconstituer son potentiel industriel. La lutte va devenir plus vive sur le marché international. La courbe des exportations suédoises en ascension quasi verticale après la fin de la guerre se «casse» en 1953. Elle reprendra son mouvement ascendant l'année suivante, mais à un rythme plus lent. La demande des produits que la Suède peut fournir reste forte. Mais d'autres sources d'approvisionnement sont offertes aux acheteurs.

Les exportations suédoises de bois et dérivés doivent bientôt faire face à l'accroissement de la capacité de production des Etats-Unis et du Canada.

Une évolution semblable peut être observée pour le marché du minerai de fer. Alors qu'en 1950, la Suède était le seul pays au monde en mesure d'offrir à l'exportation de grandes quantités de minerai de fer à haute teneur en métal, depuis cette date de nouveaux gisements ont été mis en exploitation au Brésil (9 millions de tonnes de fer pur en 1967); au Venezuela (10 millions); au Liberia (10 millions); au Canada (21 millions), etc. L'ensemble de ces pays, absents du marché mondial en 1950, ont disposé (en 1967) de 49 millions de tonnes de fer pur (la Suède : 17 millions).

Le privilège que constituait pour les mines suédoises le fait d'être situées à proximité des centres sidérurgiques d'Europe occidentale, est aujourd'hui battu en brèche par la construction de navires minéraliers de plus de 80.000 tonnes de capacité, qui fait qu'il n'en coûte pas plus, désormais, de transporter du minerai du Liberia à Hambourg que de Laponie à Hambourg.

Pour faire face à cette baisse prévisible des prix des matières premières suédoises, le patronat suédois s'orienta, à partir des années 1950, vers la fabrication et l'exportation de produits de plus en plus élaborés.

Mais en exportant de plus en plus de produits élaborés, les industriels suédois exportaient de plus en plus de force de travail suédoises - contenue dans les produits manufacturés - à haut niveau relatif de consommation qui devrait affronter sur le marché mondial des produits similaires - certes de qualité inférieure, disent les industriels suédois - contenant de la force de travail étrangère à niveau de consommation (de salaire) moins élevé).

La logique de cette compétition allait conduire les industriels suédois à diriger leurs efforts dans deux directions principales :

1. Concentrer plus encore les efforts sur quelques produits de haute qualité, de pointe, les meilleurs si possible, dans leur catégorie - soit pour la qualité de la matière de base (aciers spéciaux), soit pour leur technologie avancée et la qualité de fabrication. On vendrait de la «qualité suédoise».

Mais une conséquence de cette spécialisation ce serait la nécessité, pour la Suède, d'importer désormais les machines ou produits manufacturés que l'on ne fabriquait pas ou plus. Les importations suédoises de produits manufacturés qui représentaient 18,8% du total des importations en 1950, en représenteront 30,6% en 1968. L'économie de la Suède s'intégrait donc plus avant dans le marché capitaliste mondial dont elle allait devenir de plus en plus dépendante; elle devrait être chaque jour plus attentive à ses fluctuations.

2. Pour conserver la compétitivité des prix à l'exportation, les industriels suédois allaient s'efforcer d'accroître massivement la productivité de la force de travail suédoise ; par la «rationalisation structurelle» de l'appareil productif (concentration, fusions, ententes pour se répartir la production); par une mécanisation accentuée et la «rationalisation» de la production à l'intérieur des entreprises; par la mise en oeuvre des «études de travail» et l'extension du système M.T.M. (mesure des temps et des mouvements «scientifiquement» nécessaires à l'ouvrier pour accomplir une tâche).

Le taux suédois d'accroissement de la productivité de travail qui était resté modeste de 1950 à 1960 (2,5% par an en moyenne), allait s'accroître rapidement pour atteindre, à partir de 1960, un des niveaux les plus élevés du monde : 7,5%.

La conséquence sociale de cet effort exceptionnel de

productivité allait être une «fatigue industrielle» accrue, une inquiétude de la main-d'oeuvre devant les mesures de changements de poste, de déplacements, parfois de déclassements ou de licenciements (les ouvriers les plus âgés) dont elle était l'objet et qui lui semblaient trop souvent arbitraires. On constata, souvent, dans les entreprises, un accroissement sensible des troubles d'origine nerveuse (maladies psychosomatiques).

«Nous entendons aujourd'hui ce langage : pourquoi travailler si dur ? Pourquoi augmenter la productivité? Pourquoi ne pas choisir une cadence plus lente et avoir une vie plus agréable...? Le patronat suédois avait cru répondre aux voeux de la société en augmentant la productivité. On nous attaque maintenant à ce sujet de toutes parts. Si, au milieu de la compétition mondiale, un pays choisit isolément «ce chemin de la vie» : quel sera son avenir ?...» (Conversation citée avec M. Lars Strängh, directeur à la confédération patronale.)

La compétition mondiale a, en effet, ses exigences qui se répercutent en dernière instance au niveau des individus : «Nous avons eu récemment le cas d'ouvriers travaillant à la chaîne qui ont demandé que l'on diminue sa vitesse de 5%. Le patron qui a un carnet de commandes rempli ne peut accepter ce ralentissement. Nous avons augmenté les salaires.» (Même conversation.)

A supposer qu'une augmentation de salaire puisse effacer la fatigue, il n'est pas assuré que toutes les entreprises suédoises puissent apporter une réponse identique à des revendications de même nature. Sans pouvoir affirmer, en effet, que l'industrie suédoise a atteint le degré optimum de mécanisation et de rationalisation, on peut penser que le moment est proche où il ne restera plus au patronat suédois que d'agir sur le seul élément des coûts de production qui reste théoriquement compressible et auquel on aurait souhaité ne pas toucher : le salaire. «Il est certain que les réserves de productivité s'épuisent. Notre intérêt c'est que les salaires et les coûts sociaux évoluent dans les autres pays industriels, au même rythme qu'en Suède...» (Conversation avec M. Gunnar Lindström, directeur à la confédération patronale.)

Ce qui revient à faire du niveau des salaires et des coûts sociaux, un élément désormais essentiel de la compétition sur les marchés extérieurs - au moment où l'avance technologique dont bénéficiaient les produits suédois par rapport aux produits étrangers de même usage tend à s'amenuiser.

Cette menace sur les salaires, venant après l'exigence de productivité dont il a été parlé, est sans aucun doute à l'arrière-plan de l'irritation que l'on a pu déceler depuis deux ans parmi les ouvriers suédois. On sera sans doute surpris de lire ces propos récents d'un des principaux dirigeants de la Confédération générale du travail, gardien, à ce titre, de l'«esprit de Saltsjöbaden» : «Nous ne devons jamais oublier que la politique des employeurs change en même temps que la situation économique. Dans une situation économique favorable l'employeur est coopératif; il écoute l'opinion des ouvriers. Si la situation économique est défavorable, il n'est pas aussi coopératif et il s'oppose à toutes leurs demandes. Nous n'acceptons pas que les entreprises soient délivrées de toute responsabilité à l'égard d'ouvriers qu'elles avaient hâte d'embaucher pendant la période de prospérité et, si l'on parle des vieux ouvriers, quand ceux-ci étaient en pleine force. Nous sommes, certes, pour une production de marchandises de haute qualité et à des prix qui puissent soutenir la concurrence; mais nous nous refusons à participer à la chasse au rendement qui fait la vie des ouvriers inhumaine. Le droit unilatéral des employeurs de diriger et de distribuer le travail doit être limité... Il est temps de s'en prendre à l'article 32.»

On peut penser que si Ake Nilsson, président en exercice de la Fédération suédoise des ouvriers métallurgistes, tient de tels propos, c'est que ceux qui l'écoutent - les délégués du 28e congrès de la fédération - désirent les entendre...

Mais «s'en prendre à l'article 32», ce n'est rien moins - dans le principe - que remettre en cause un compromis vieux de 64 ans - le compromis de 1906 - par lequel la Confédération générale du travail avait reconnu «le droit pour l'employeur d'embaucher et de congédier librement ses ouvriers, de diriger et de répartir le travail», droit préservé jalousement depuis lors, rappelé impérativement dans tous les contrats collectifs conformément à l'article 32 des statuts de la confédération patronale. C'est «s'en prendre» en dernière analyse au droit des possesseurs de capital de disposer librement, durant un temps déterminé, de la force de travail ouvrière qu'ils louent en échange du salaire - ce qui constitue l'essence même du système d'économie capitaliste.

Ce discours inattendu d'Ake Nilsson (4) est venu rappeler, avec quelque brutalité, les limites des concessions faites au mouvement ouvrier par les employeurs depuis le début du siècle : si, dans diverses circonstances, les syndicats sont informés, voire consultés ou associés (à l'occasion des licenciements, de la sécurité, de l'hygiène, de la formation professionnelle), le dernier mot appartient toujours à l'employeur. Ce dernier mot, remarque Ake Nilsson, ne dépendant ni de la bonne volonté de l'employeur ni de son humeur, ni de ses goûts, mais d'impératifs économiques : «Dans une situation économique favorable, l'employeur est coopératif; il écoute les ouvriers (...). Si la situation économique est défavorable, il n'est pas aussi coopératif et il s'oppose à toutes leurs demandes...» (Discours cité).

Voici donc revenu, par ce biais, le rôle décisif de la conjoncture économique... Mais précisément, n'est-ce pas lorsque la conjoncture devient moins favorable que les ouvriers souhaiteraient être entendus (5)...?

Notes

---

1. Conversation avec M. Lars Strängh, directeur à la Confédération patronale suédoise, septembre 1969.

2. Conférence donnée à Paris, le 25 novembre 1969 sous les auspices de l'E.S.S.E.C. et de la Chambre de commerce suédoise.

3. Ibid.

4. «Que veut donc M. Nilsson ? demande M. Lars Strängh. Est-ce que cela signifie que les syndicats abandonnent l'esprit de négociation et se refusent au dialogue ?» (Notre conversation citée.)

5. La convention sur les comités d'entreprise n'a pas plus répondu à l'attente des salariés : «On peut dire que l'activité des comités d'entreprise est plus mauvaise encore que par le passé. Très peu fonctionnent; le patron qui a le monopole de l'information peut utiliser ce monopole dans son intérêt.» (Conversation à Stockholm avec M. Urs Hauser, membre de la section internationale de la Confédération générale du travail.)

Chapitre 9

LA CONTRADICTION

«La collaboration entre le patronat et le gouvernement a été excellente jusqu'en 1966. Cette année-là, le Parti social-démocrate a perdu des voix aux élections municipales. Il a pris peur. Il y a eu un coup de barre à gauche. On a pris comme cible M. Wallenberg et la Stockholm's Enskilda Bank. Le gouvernement disait qu'il n'y était pour rien. Mais cela a continué.

«Lorsque M. Tage Erlander était Premier ministre, poursuit Kurt A. Belfrage, il réunissait à déjeuner, tous les mardis, dans sa résidence d'été, à Harpsund, les principaux dirigeants de l'industrie suédoise. Nous procédions à une planification amiable. Il y avait des contacts personnels, de l'amitié. Dirigeants de L.O. et de la SA.F. se connaissaient bien.

«Avec la nouvelle génération social-démocrate, c'est l'expectative : nous ne pouvons dire ce qui se passera.» (1)

Selon M. Lingberg, adjoint au directeur financier d'A.S.E.A., «si l'on met en cause les règles du jeu qui peut dire ce qui arrivera ?» (2).

Quelle signification faut-il accorder à ces mouvements d'humeur du patronat suédois à l'égard de son associé, la social-démocratie suédoise ? Incident de parcours ou crise plus profonde (3) ?

Je rappelle à M. Wigforss que la social-démocratie suédoise renonça, dans les années 1930, à «assurer le pouvoir économique» faute de «la classe sociale nécessaire» et qu'elle offrit «aux dirigeants capitalistes de collaborer à un grand plan de mise en valeur» des ressources suédoises, dans l'idée qu'elle obtiendrait «l'expérience nécessaire pour diriger l'économie du pays» (4); et lui demande si, à son avis, il serait plus facile ou plus difficile aujourd'hui qu'en 1932 de nationaliser l'économie suédoise : «Ce serait plus difficile. La concentration qui s'est poursuivie presque à notre insu a donné aux trusts suédois une puissance considérable.» (5).

Les groupes financiers suédois, en acceptant l'offre de collaboration de la social-démocratie, ne renonçaient pas pour autant à poursuivre leur propre développement: à l'intérieur où ils accrurent leur puissance jusqu'à dominer aujourd'hui tout le secteur industriel; vers l'extérieur.

Depuis dix ans, le patronat suédois a créé plus d'emplois hors de Suède qu'en Suède. Les effectifs des sociétés suédoises à l'étranger avoisineraient, en 1970, 200.000 salariés (6). La production textile suédoise est en voie de transfert vers les pays d'Europe à bas salaires relatifs : Finlande, Portugal, Yougoslavie... d'où elle exporte une partie de sa production vers la Suède...

L'expansion de l'industrie suédoise hors de Suède a été le fait d'un très petit nombre de sociétés. En 1965, on estimait déjà que 80% du chiffre d'affaires suédois réalisé à l'étranger, relevaient de l'activité de 21 sociétés suédoises qui fournissaient par ailleurs 26% de l'ensemble des exportations suédoises.

La même année, le degré d'intégration de S.K.F. sur le marché mondial était de 93%; de 85% pour Atlas Copco; de 66% pour Electrolux; 64% pour Alfa-Laval; 62% pour L.M. Ericsson, etc. (7).

Cet expansionnisme accéléré a inquiété une fraction de la social-démocratie qui a cru y voir une menace sur sa liberté d'initiative politique : «Cette internationalisation des groupes financiers suédois suscite de grandes craintes : crainte de perdre des marchés, de perdre des entreprises. A supposer que l'on nationalise S.K.F., la société se divise en S.K.F. suédoise et S.K.F. étrangère - française, par exemple. Tout cela est très dangereux.» (8)

Ces craintes ne sont pas imaginaires : «La grande industrie

suédoise s'est implantée un peu partout dans le monde. Ma société, me dit M. X., directeur général, exporte 45% de sa production. Si l'on nous rend la vie impossible ici, nous partirons. Si l'on veut nous interdire d'exporter nos capitaux, croyez bien que nous nous en passerons. J'ai un nom, j'ai un crédit; je suis en mesure de trouver des capitaux à l'extérieur. Nous préférons, certes, garder la tête des entreprises en Suède et rapatrier nos bénéfices. Mais si cela ne nous est pas permis»... (9)

L'hypothèse n'est pas gratuite... En 1960, les sociétés suédoises avaient trouvé hors de Suède 45% des capitaux nécessaires à leurs investissements directs. Ce pourcentage a été de 60% en 1965. Or, il y a tout lieu de croire que cette tendance expansionniste des sociétés suédoises est irréversible : «Un petit pays comme le nôtre, de huit millions d'habitants, doit avoir une politique d'expansion industrielle s'il veut garder son niveau de vie. Cette expansion peut être obtenue de deux manières : soit en important la main-d'oeuvre qui nous fait défaut, soit en exportant des capitaux.

«Importer massivement de la main-d'oeuvre étrangère est dangereux. Les difficultés que nous avons rencontrées chez Volvo, chez Saab, à Kiruna, ont été dues au nombre élevé des travailleurs étrangers. Ils viennent ici pour gagner de l'argent, le plus rapidement possible, puis s'en retournent chez eux.

«Les étrangers ne se préoccupent pas de ce qu'il adviendra de la Suède dans cinq ou dix ans... Ils sont insensibles à l'esprit de Saltsjöbaden de coopération entre employeurs et salariés. L'esprit de Saltsjöbaden est une très belle chose.

«Si nous voulons continuer à développer notre industrie, il nous faut donc exporter du capital. Il faut se développer hors de la Suède qui est trop exiguë pour l'industrie internationale qui est la colonne vertébrale de l'économie moderne.» (10)

Mais n'y a-t-il pas une contradiction entre la politique expansionniste des grands groupes suédois telle qu'elle se dessine et le maintien de la société mixte?

C'est ce que semble croire M. Hans Stahle, administrateur général du groupe Alfa-Laval (11) : «La société industrielle internationale se trouve aujourd'hui à une croisée de chemins. La concurrence et le développement technique obligent les entreprises à se lancer sur les marchés internationaux en même temps que les hommes politiques parlent de responsabilité sociale dans un cadre national, pour ne pas dire provincial.Les entreprises doivent de plus en plus planifier leur activité à longue échéance alors que les hommes politiques et les gouvernements persistent à ne considérer tous les problèmes que dans la perspective de termes rapprochés, dans le but de rester au pouvoir, de gagner suffisamment de voix aux prochaines élections. Cette contradiction occasionne aux entreprises, à leurs efforts de planification, des difficultés non négligeables et complique la collaboration entre l'Etat et le secteur privé. Ceci est le cas dans mon pays (...). Un tel état de choses contrarie l'évolution souhaitable des entreprises internationales ou multinationales, qui sont un fait économique incompatible de par sa nature avec le chauvinisme croissant et une politique nationale étriquée et à courte vue.» (12)

M. Stahle estime ainsi qu'il y a incompatibilité entre «l'évolution souhaitable des entreprises internationales ou multinationales» et un pouvoir politique national issu de la consultation périodique des citoyens. C'est-à-dire incompatibilité, du moins en «termes rapprochés», entre les exigences du développement des entreprises suédoises engagées dans une compétition difficile sur le marché mondial (elles ont besoin de «tenir» les salaires pour «tenir» les prix) et les besoins populaires - le niveau des salaires, la durée, le rythme, la qualification du travail -, dont un pouvoir politique élu doit se soucier, ne serait-ce que pour rester au pouvoir.

Si l'on veut bien se souvenir que la société mixte suédoise n'est pas le résultat de la collaboration du patronat suédois avec un pouvoir politique quelconque, mais avec un pouvoir politique social-démocrate, c'est-à-dire qui tire son autorité de la confiance renouvelée des ouvriers suédois, on conçoit que les exigences implicites de M. Stahle suscitent des interrogations.

Notes

1. Conversation citée avec Kurt A. Belfrage, directeur d'Atlas Copco.

2. Conversation à Västeras.

3. Pour M. Hugo Lindgren, directeur à la Stockholm's Enskilda Bank, «les sociaux-démocrates disent que c'est eux qui assurent le progrès social; en réalité, c'est nous [les financiers et industriels]. Eux répartissent, sans plus...» (Notre conversation à Stockholm.)

4. Conversation citée.

5. Ibid.

6. Conversation citée avec M. Stig Ramel.

7. Ce pourcentage concerne l'ensemble des ventes à l'exportation ainsi que les produits fabriqués et vendus à l'étranger. Selon «*Suède d'aujourd'hui*, oct. 1969, p. 32.

8. Conversation citée avec Jan Olsson, économiste de la Fédération des ouvriers métallurgistes.

9. Conversation à Stockholm. Le président du conseil d'administration de la société que dirige M. X... est Marcus Wallenberg.

10. Conversation citée avec M. Stig Ramel, directeur de l'Association des exportateurs suédois.

Fin 1969, le nombre des salariés étrangers en Suède atteignait 204.000 dont la moitié environ de provenance finlandaise - soit 4,6% de la population active suédoise.

11. Le groupe Alfa-Laval possède 12 usines en Suède et 25 à l'étranger. Il emploie 14.000 salariés dont 60% hors de Suède. Son conseil d'administration est présidé par Jacob Wallenberg.

12. Conférence donnée à Paris à l'occasion des journées d'études organisées par l'E.S.S.E.C. et la Chambre de commerce suédoise, 25 novembre 1969.

CHAPITRE 10

«NOUS SOMMES ARRIVES A UN POINT...»

Peu d'interrogations, semble-t-il, du côté des partis politiques non socialistes où l'on accepte, par principe, les conséquences du développement capitaliste de l'économie suédoise.

Plus, du côté du Parti social-démocrate où l'on pense toutefois s'être donné les moyens de les contenir et, à plus long terme, d'en triompher.

Ces moyens sont d'ordre financier et idéologique.

D'abord des moyens accrus de contrôle de l'activité des sociétés privées. Depuis quelques années, le Parlement suédois est représenté dans les conseils d'administration des sociétés d'assurances. Le dernier congrès du Parti social-démocrate (septembre 1969) a demandé que l'Etat ait un représentant dans les conseils d'administration des banques d'affaires. On souhaiterait qu'il en soit de même au sein des conseils d'administration des grandes sociétés industrielles. Ces représentants informeraient le gouvernement (social-démocrate) de l'activité et des intentions de ces différents conseils.

Des critiques (de gauche) ont cependant fait observer que la présence, depuis quelques années, d'un représentant du Parlement au sein des conseils d'administration des sociétés d'assurances n'avait en rien modifié la politique de ces derniers et qu'il serait surprenant que des représentants de l'Etat obtiennent des dirigeants des organismes privés plus qu'ils ne désirent en dire, ou plus d'informations que la loi ne l'exige déjà...

Puis des moyens propres à influencer plus directement l'évolution de l'économie. En 1967 a été créée la Banque suédoise d'investissement. Habilitée à émettre des obligations pour se procurer des ressources, la Banque peut faire appel en particulier au Fonds des pensions qui capitalise les cotisations patronales (7% des salaires en 1969) destinées à assurer à tous les salariés suédois une pension complémentaire qui, ajoutée à la pension nationale de vieillesse, atteindra progressivement les deux tiers de la rémunération des quinze meilleures années. Tant que la masse des bénéficiaires de cette pension complémentaire (instituée en 1960) n'aura pas atteint l'âge de la retraite -67 ans- ce qui ne saurait survenir avant la fin du siècle, le Fonds ne cessera d'accumuler des réserves. Ces réserves atteignaient 25 milliards de francs en 1968; elles atteindront 75 milliards en 1975, etc.

Cette masse de capitaux dépassant de très loin les dépôts dans les banques privées, constituerait un moyen d'intervention efficace à la disposition du gouvernement social-démocrate : «Avec cette masse de capitaux, nous pourrons dire au patronat : «A vous de choisir : ou vous coopérez avec de grandes entreprises étrangères, américaines par exemple, ou avec l'Etat suédois... Ne croyez-vous pas qu'il est intéressant pour vous de travailler avec un gouvernement qui accepte de discuter et un mouvement syndical modéré qui soutient l'idée de l'économie mixte» (1) ?

D'autant que si l'industrie suédoise a pu se développer jusqu'à ces dernières années en faisant essentiellement appel aux capitaux privés, elle ne pourra plus désormais se passer du concours de l'Etat; d'une part en raison de l'ampleur des investissements qu'exige le développement scientifique et technique et la compétition économique; aussi parce que le Fonds des pensions drainant une part de plus en plus importante de l'épargne, diminue d'autant la part qui allait jusque-là vers les banques ou les sociétés d'assurances privées. Par le moyen de la Banque suédoise d'investissements, l'Etat (social-démocrate) pénètrerait pacifiquement les sociétés industrielles demanderesses au point, un jour, de les dominer... Jusqu'à ce moment toutefois, l'activité de la banque a été modeste, limitée «au financement à long terme de projets de nature relativement risquée» (2) que le capital privé ne voulait pas assurer.

Enfin, les moyens idéologiques. La réforme de l'enseignement constitue une pièce maîtresse du dispositif par lequel le Parti social-démocrate espère influencer le développement de la société dans un sens socialiste.

Faire en sorte que tous les enfants suédois - quel que soit le statut social de leurs parents - fréquentent les mêmes établissements scolaires de 7 à 16 ans, qu'ils y prennent ensemble le même repas de midi, qu'ils participent à la direction de leur école sur un pied d'égalité avec leurs maîtres qu'ils sont autorisés à tutoyer, qu'ils puissent fréquenter ultérieurement, durant deux ou trois ans, un même lycée - divisé certes en sections (préparant l'université, technique, professionnelle) - contribuerait à un brassage social dont on espère qu'il se maintiendra au-delà de la scolarité.

Formés à l'activité commune, les enfants devenus adultes seront enclins à prolonger en dehors des établissements d'enseignement, ce mode de vie égalitaire.: «Notre mot d'ordre d'Egalité n'est pas un «état», c'est une ligne d'action qui doit diriger la politique. Réaliser l'égalité c'est ce qui nous guide dans notre travail. Cela a une importance énorme. La réforme de l'enseignement est la clé du nivellement futur. Le rôle du professeur doit être changé. Il ne sera plus une personnalité autoritaire, mais un guide parmi d'autres... Les élèves sont autorisés à tutoyer leurs professeurs. Cela change les rapports. Le rôle du directeur est tenu par une commission élue d'élèves, de parents et de professeurs... Lorsque cette nouvelle génération formée aux méthodes démocratique arrivera dans la production, nous croyons fermement qu'elle n'acceptera pas que le patronat continue de diriger l'entreprise à sa guise; elle bouleversera les conditions du travail et imposera ce que nous appelons «la démocratie industrielle.» (3) On pense même que les jeunes gens issus de la bourgeoisie, accédant par ce biais aux fonctions patronales, seront conduits, par le chemin scolaire, à renoncer aux prérogatives inhérentes à leur fonction et à faciliter la voie aux changements souhaités.

Cette transformation de la société par l'école exigera, on ne l'ignore pas, de longs délais (4).

Mais cette évolution de la société suédoise telle que l'envisage le Parti social-démocrate, suppose que celui-ci reste à la direction des affaires. C'est-à-dire qu'il obtienne une confiance accrue des Suédois. Depuis vingt-cinq ans, le Parti piétine. S'il a la confiance renouvelée de la moitié environ du corps électoral, il a beaucoup de difficultés à «mordre» sur l'autre moitié. Tout se passe comme si le Parti social-démocrate avait fait le plein des voix qu'un Parti social-démocrate puisse espérer atteindre dans un pays où l'activité économique est restée entre les mains du capital privé : «Au point de vue politique, les entreprises sont des adversaires bien plus dangereux que les partis d'opposition car elles peuvent influencer directement leur personnel.» (5)

Depuis sa création, le Parti social-démocrate fonda son autorité sur l'assentiment de la classe ouvrière. Il fit peu d'efforts en direction des autres couches sociales. L'idéologie «ouvriériste» qu'il développa lui permit de conquérir l'essentiel de cette classe au fur et à mesure de son accroissement. Il devint vraiment le parti des ouvriers et le resta (c'est une des raisons qui fit que le Parti communiste eut des difficultés à s'implanter).

Mais cet «ouvriérisme» ne serait pas sans danger à l'heure où se produisent des changements importants dans les structures sociales.

Sans doute le désir d'égaliser les conditions d'existence de tous les Suédois part-il d'un souci louable. Mais jusqu'où l'égalisation est-elle possible à l'intérieur du système d'économie capitaliste ?

C'est un fait d'observation que les efforts déployés par le Parti social-démocrate et la Confédération générale du travail pour plus d'égalité se heurtent à des résistances dont on se demande si elles ne sont pas inhérentes au système économique.

Les salaires féminins sont encore, en moyenne, inférieurs de 20% aux salaires masculins (6).

L'accès à l'Université des enfants des couches populaires (ouvriers, employés, petits fonctionnaires) reste limité : selon un sondage de l'université de Lund, on ne comptait (en 1968) que 19% d'étudiants de ces catégories dont la moitié seulement (8%) avaient obtenu le diplôme de fin d'études pour lequel ils étaient inscrits (7).

On a aussi noté que la hiérarchie des salaires, telle qu'elle résulte des négociations centralisées, est mise en cause par les ouvriers eux-mêmes qui tendent à obtenir par «l'action directe» (illégale) un prix plus élevé de la location de leur force de travail en vue de satisfaire leurs besoins. L'employeur menacé finit par payer un prix supérieur au prix négocié centralement pour s'assurer le savoir technique (la force de travail) qui lui est indispensable. Tout se passe comme si la loi de l'offre et de la demande sur le marché du travail -dont les négociations centralisées ont pour but de limiter les effets- ne pouvait d'accommoder de la grille des rémunérations que le patronat et la social-démocratie souhaiteraient imposer. Dans un système économique où la force de travail - manuelle ou intellectuelle - est une marchandise, les effets de la loi de l'offre et de la demande ne sauraient être durablement contenus.

Si donc, la politique d'égalisation préconisée par la social-démocratie était contradictoire avec les lois et exigences du système d'économie capitaliste, ce serait semer des illusions que de prétendre réaliser l'égalité; et engendrer des désillusions, en particulier parmi les couches les plus pauvres, appelées à en bénéficier (8).

Ce serait aussi susciter une hostilité politique chez ceux que l'idéologie «ouvriériste» tend à présenter comme des obstacles à l'égalisation : les salariés de niveau plus élevé : «Notre Confédération des fonctionnaires et employés de Suède (T.C.O.) est toujours partie du principe qu'une différenciation des salaires est nécessaire, compte tenu de la tâche à accomplir, de l'exigence, de la responsabilité, etc. Nous sommes d'accord avec la Confédération générale du travail lorsqu'elle réclame l'égalité des salaires pour des travaux de même valeur. Nous soutenons son action par l'augmentation des bas salaires. Mais nous n'acceprons pas l'égalisation telle qu'elle la demande aujourd'hui.» (Conversation avec M. Ekström, T.C.O.)

Même réaction à la Confédération générale des travailleurs intellectuels (S.A.C.O.) : «La Confédération générale du travail veut obtenir la plus grande part de la masse salariale. Elle nous présente comme l'adversaire principal des travailleurs... Nos adhérents, naturellement, n'acceptent pas cette politique. Qu'arrivera-t-il si l'on pousse trop loin la campagne d'égalisation ? De nombreux cadres, parmi les plus capables, quitteront le pays. Le «drainage des cerveaux» est déjà une réalité suédoise.» (Conversation avec Benne Lantz, secrétaire négociateur de la Confédération.)

La politique «égalitariste» et «antihiérarchique» de la Confédération générale du travail (L.O.) aurait donc pour conséquence de rejeter une part notable des employés, techniciens, cadres, etc., du côté du patronat et des partis «bourgeois» promus défenseurs «naturels» de ces catégories, en opposition avec le défenseur «naturel» des ouvriers que serait la social-démocratie...

Or, le nombre des salariés non ouvriers ne cesse de croître : on comptait 150 employés pour 1.000 ouvriers en 1940; 225 en 1950; 282 en 1960; 341 en 1966... Les partis «bourgeois» ne cachent pas qu'ils attendent de la politique «ouvriériste» du Parti social-démocrate qu'elle diminue son poids électoral dans la mesure où la classe ouvrière «classique», sur laquelle la social-démocratie basa traditionnellement son action politique, tend à s'amenuiser en valeur relative.

Comment, dès lors, le Parti social-démocrate pourrait-il espérer élargir son audience sans faire en sorte que la classe ouvrière de type «classique», les employés, les techniciens, ingénieurs et cadres ne se regardent plus en adversaires mais en alliés ? C'est-à-dire sans procéder à une révision d'ordre idéologique propre à convaincre les uns et les autres que leurs intérêts ne sont pas contradictoires ? Ce qui supposerait que le Parti, revenant «aux sources», désigne dans le système économique lui-même l'obstacle principal et commun.

La Suède présente donc aujourd'hui ce tableau singulier: un Parti social-démocrate qui n'a pas envisagé d'alternative à la propriété privée des grands moyens de production et d'échange; un patronat qui n'a cessé de renforcer sa puissance et de développer ses intérêts hors de Suède.

La social-démocratie craint d'affronter le patronat qui dispose des moyens de troubler profondément l'économie (9). Les cadres de l'industrie ne sont généralement pas acquis à l'idéologie de la social-démocratie.

De son côté, le patronat suédois ne peut guère envisager de cesser sa collaboration avec la social-démocratie; il sait qu'il lui serait difficile de maintenir la «paix industrielle» au cas où le Parti social-démocrate et le mouvement ouvrier seraient conduits à se placer dans l'opposition... Les trois partis politiques non socialistes (conservateur, centriste, libéral) ne semblent pas en état de constituer une alternative politique durable. Ils capitalisent plus une tradition qu'ils ne proposent un programme. «Au cas [d'ailleurs] où le Parti social-démocrate perdrait la majorité, il est certain qu'il ne pourrait y avoir de changement fondamental dans la politique suédoise.» (Conversation avec Gösta Bohman, Président du Parti conservateur, septembre 1969.)

Après trente-cinq ans de coopération active, les partenaires de la société mixte s'interrogent. Tant que la conjoncture économique a été favorable à la Suède, la direction du Parti social-démocrate et le patronat purent répondre d'année en année au besoin de mieux vivre de la population suédoise. A ceux qui réclamaient l'accomplissement des objectifs socialistes, le patronat répondit par des concessions qui ne touchaient pas à l'essentiel... Un demi-siècle après le congrès social-démocrate de 1920, on s'interroge encore sur ce que pourrait bien être le contenu de cette démocratie industrielle, vers quoi on disait tendre.

L'avenir dépendra certes de l'évolution de l'économie mondiale. Mais plus encore de l'orientation que choisira le Parti social-démocrate. Acceptera-t-il l'internationalisation de l'économie suédoise que M. Stahle considère comme nécessaire et irréversible ? Avec les conséquences politiques qu'il suggère : une surbordination accentuée de l'autorité politique nationale aux besoins des sociétés internationales ou multinationales à direction ou participation suédoise; et, à cette fin, une révision d'ordre institutionnel qui dégagerait l'autorité politique d'un contrôle électoral trop fréquent...?

Ou sera-t-il conduit, devant ces menaces, à prendre en main l'appareil productif - ou du moins à tenter de le contrôler ?

Fera-t-il sienne cette conclusion de M. Ernst Wigforss, fondée sur une longue réflexion : «Nous sommes arrivés à un point où nous devons nous demander s'il est possible de poursuivre une politique de réformes, en vue d'atteindre vraiment nos buts [socialistes], sans changer la situation du pouvoir dans la vie économique; c'est là une question à laquelle le Parti social-démocrate doit répondre dans les toutes prochaines années.» (Notre conversation citée, septembre 1969.)

Notes

1. Conversation avec Jan Karlsson, économiste, membre du brain-trust de M. Olof Palme, alors président du Parti social-démocrate et Premier ministre.

2. Note d'information du ministère suédois de l'Industrie, juin 1970.

3. Conversation avec Lena Hjelm-Wallén, professeur, député social-démocrate.

4. Les enseignants suédois, dans leur majorité, ne partagent pas la conception social-démocrate de la démocratie scolaire.

5. Conversation avec M. Erik Pettersson, chef de la planification au ministère de l'Industrie, membre du Parti social-démocrate. Il faut comprendre ici par «partis d'opposition» les partis suédois non socialistes.

6. Plus précisément, les emplois confiés aux femmes sont des emplois de rémunérations inférieure : 85% des femmes employées dans l'industrie, 82% des femmes employées dans la fonction publique relèvent de la catégorie inférieure des salaires. Un obstacle à la participation des femmes suédoises à la vie active et à leur qualification professionnelle réside dans l'insuffisance du nombre de crèches et de jardins d'enfants. L'école maternelle de type français n'existe pas en Suède.

7. Il n'existe pas de statistiques officielles sur ce point. D'autres sondages donneraient jusqu'à 30% d'étudiants issus de familles populaires.

8. «La politique d'égalité est juste au point de vue idéologique. Dans la pratique, c'est dangereux parce qu'on fait grandir des espérances qui ne peuvent être satisfaites dans un temps court.» (Conversation citée avec M. Pettersson.)

Deuxième Partie

VINGT ANS APRES…

«Je suis né en 1939,
J'ai connu l'âge d'or.»
Anders Clason

CHAPITRE 11

EGALITE ET SOLIDARITE

Stockholm, février 1991.-

Vingt ans ont passé. Au carrefour de Nybroplan, les piétons n'attendent plus que les feux passent au vert pour traverser les chaussées. Dans le sous-sol de Sergels Torg, on ne voit plus - affaire de saison ?- des grappes de jeunes gens - garçons et filles - au regard perdu de bière, d'alcool ou de drogue; mais on voit toujours le vendredi, vers 16 h.30, la sortie joyeuse des magasins de vins et spiritueux de consommateurs pressant le pas vers un samedi d'oubli des tracas de la semaine (1). Au comptoir des kiosques à journaux, les publications pornographiques se sont faites plus discrètes. Le nombre des magasins d'antiquité, des galeries d'art, des restaurants huppés a notablement augmenté, signe de l'élargissement d'une couche aisée; on dénombre plus de restaurants exotiques : signe de l'existence de populations nouvelles; la couleur de la rue s'est quelque peu modifiée; dans Drottninggatan des vendeurs étalent par terre de la bimbeloterie orientale.

Les constructions hier neuves ont plus ou moins bien vieilli; des quartiers anciens ont laissé la place à des parallélépipèdes de bureaux que sauve l'immeuble de verre de la Maison de la Culture dont les dimensions et l'emplacement ont valeur de symbole.

On revient alors vers le Stockholm historique; non pas tant vers celui du Moyen Age réhabilité à l'identique des quartiers moyenâgeux d'Europe : restaurant en sous-sol, tourisme au rez-de-chaussée, appartements select aux étages; mais plutôt vers le Palais Royal et les annexes dont l'ampleur rappelle que la Suède fut à la fin du 17e siècle la grande puissance du Nord; puis vers les immeubles imposants dressés le long de la Baltique et du lac Mälar, illustrations du passage de la Suède à l'ère bancaire et industrielle et signe d'une grande prospérité bourgeoise en concordance avec les dates de naissance des sociétés multinationales suédoises d'aujourd'hui : Sandvik (1862); Ericsson (1876); Alfa-Laval (1878); A.S.E.A. (1883); Bofors-Nobel (1889); S.K.F. (1907; Electrolux (1910)... La Stockholms Enskilda Banken (Wallenberg) les avait précédées (1857).

Les principaux acteurs de la vie politique et économique suédoise sont toujours là : le Parti des communistes a pris le nom de Parti de gauche; le Parti social-démocrate a perdu le pouvoir en 1976 et l'a recouvré en 1982; le Parti du Centre, le Parti libéral, le Parti modéré n'ont pas su s'entendre pour gouverner ensemble durant l'éclipse du Parti social-démocrate; un nouveau parti, le Parti Les Verts, est entré au Parlement en 1988; un parti démocrate-chrétien s'efforce de le faire; un Parti de la Nouvelle démocratie (populiste) tente de s'imposer...

La Confédération ouvrière (L.O.), la Confédération des cadres, fonctionnaires et employés (T.C.O.), la Confédération des travailleurs intellectuels (S.A.C.O.-S.R.) ont gardé le monopole de la représentation des salariés, mais dans un rapport d'effectifs modifié par le développement social; la Confédération du patronat (S.A.F.) oeuvre toujours pour la défense et illustration de la libre entreprise. Une grande part des interlocuteurs de 1969 et 1970 sont présents dans de nouvelles fonctions.

L'abolition de la pauvreté fut l'objectif central du mouvement ouvrier suédois au fur et à mesure de son développement. Avec la prospérité qui suit la Seconde Guerre mondiale, le mouvement ouvrier, devenu la force prépondérante dans la nation, se fixe comme objectif de fournir à chaque Suédois(e) un emploi, un logement, une école, un service de santé, une pension sur une base égalitaire. Considérant qu'il est humiliant d'avoir à répondre à une enquête sur ses ressources avant de bénéficier d'un service social, le système de bien-être social suédois sera développé selon le principe de l'universalité. Tous les Suédois ont droit aux mêmes prestations : retraite de base égale, allocations familiales; école pour tous, logement pour tous, hôpital pour tous; les services devront être d'une qualité qui satisfasse les citoyens aisés de telle sorte que ceux-ci ne soient pas tentés de créer des services à leur usage.

Lorsque, vers les années cinquante, fut posé le principe «à travail égal, salaire égal», il stipulait que toute tâche devait être payée au même prix quel que soit le lieu où elle est accomplie, c'est-à-dire quelle que soit la rentabilité de l'entreprise; l'observation de ce principe deviendra un instrument du développement économique : les entreprises incapables d'assurer le salaire moyen industriel fixé par les négociations centralisées devront se transformer ou disparaître. Une «politique active» de l'emploi mise en oeuvre par l'A.N.P.E. prendra en charge chaque salarié privé d'emploi, au besoin par des transferts organisés de la main-d'oeuvre d'une industrie à l'autre ou d'une région à l'autre. Un chômeur doit être considéré comme un échec.

Les entreprises les plus performantes assurés de hauts profits développeront leurs investissements, embaucheront le personnel libéré; une part des surprofits réalisés sur la base du salaire moyen industriel sera reprise par l'impôt sur les bénéfices. L'expression «solidarité des salaires» reflétait cette situation : les ouvriers des entreprises les plus rentables acceptaient en quelque sorte de renoncer à demander des salaires trop éloignés des salaires fixés centralement. La «solidarité des salaires» conduira au cours du temps à un resserrement de l'éventail des salaires ouvriers par une hausse modérée des hauts salaires et une hausse plus accentuée des bas salaires dont bénéficieront en premier lieu les salaires féminins. La réduction des inégalités restera une préoccupation constante et pour ainsi dire consubstantielle du mouvement ouvrier suédois.

Bengt Lundberg, professeur d'histoire à l'université d'Umea, a analysé les comptes rendus des congrès du Parti social-démocrate de 1940 à 1969. Il a recherché la fréquence de l'emploi du mot «égalité» et de ses synonymes dans les interventions des congressistes. Sa recherche l'amène à constater que si l'emploi du mot est relativement fort au congrès de 1944, sous l'influence d'Ernst Wigforss (458 citations), il s'affaiblit par la suite comme si le développement économique satisfaisait les membres du parti; le mot explose à la fin des années soixante en relation avec la montée des conflits sociaux, les plaintes contre la fatigue industrielle, les protestations contre l'arbitraire patronal : 1.270 références à l'égalité au congrès de 1967; 2.103 références en 1968; 4.682 références au congrès de 1969. Entre autres raisons avancées par l'auteur : l'écho des mouvements radicaux aux Etats-Unis et de Mai 1968 en France, l'influence d'Olof Palme qui va accéder à la présidence du parti et «la reconnaissance que l'égalisation des conditions n'avait pas été aussi loin qu'on l'avait pensé» (2).

Le congrès du Parti social-démocrate de 1969 est placé sous le signe de «Plus d'égalité». Les oriflammes frappés du mot «Egalité» flottent sur la ville. Le rapport sur l'Egalité prononcé par Alva Myrdal est adopté d'enthousiasme : «Après la Seconde Guerre mondiale, quand notre troisième génération prit la relève, le combat fut développé en vue du «plein emploi et de la sécurité sociale» (...) Maintenant, c'est le temps pour la quatrième génération de jouer le premier rôle. (...) La politique d'Egalité, c'est ce que les années soixante-dix demandent à notre mouvement.» (3)

Cet égalitarisme du mouvement ouvrier reste, vingt-deux ans après, plus partagé que l'on ne pourrait s'y attendre. Les résultats d'une enquête d'opinion auprès de deux mille personnes ont conduit son analyste, Nils Asbjornson, à conclure : «Les sentiments du public à l'égard de la répartition des revenus sont, d'une façon surprenante, égalitaires et peu dépendantes des préférences politiques. Près de deux personnes sur trois soutiennent le principe «à travail égal, salaire égal, quelles que soient les différences de rentabilité»; même une majorité de ceux qui donnent leurs préférences aux partis politiques non socialistes soutiennent le principe «à travail égal, salaire égal». Plus de deux sur trois des personnes interrogées sont satisfaites du présent équilibre ou veulent encore plus de nivellement des revenus. Etant donné ces résultats, il n'y a aucun signe de recul de la notion de solidarité. L'égalité semble bien être une norme de justice très forte pour le citoyens suédois moyen.» (4)

En 1990, les salaires suédois, après impôts, varient approximativement de un à deux (5).

Notes

1. Les magasins de vins et spiritueux appartiennent à l'Etat.

2. Bengt Lundberg, «Jämlikhet ?», in Dialog, Université de Lund, 1979.

3. Les trois générations dont fait état Alva Myrdal correspondent aux présidences successives de Hjalmar Branting, auquel succéda Per Albin Hansson (de 1932 à 1950) et Tag Erlander (de 1951 à 1969).

4. Nils Absjornsen, «Public Attitudes Towards Corporatism» in Sweden, janvier 1990, Université d'Uppsala.

5. Une réforme fiscale en cours modifie cette distribution (voir plus loin).

CHAPITRE 12

LES LOIS DU TRAVAIL

Nous avions laissé la Suède de 1970 sur cette apostrophe d'Ake Nilsson, président de la Fédérations des ouvriers métallurgistes : «Le droit unilatéral [des employeurs] de diriger le travail doit être limité... Il est temps de s'en prendre à l'article 32.» (p. 116)

Le congrès de la Confédération ouvrière (L.O.) de septembre 1971 formalisait cette exigence : l'efficacité industrielle ne doit pas être achetée aux dépens de la sécurité et de la santé dans le travail; les salariés doivent avoir la possibilité d'exercer une influence dans tous les aspects de la vie de l'entreprise, du poste de travail au conseil d'administration; la possibilité de rendre les travailleurs copropriétaires de leur entreprise doit être désormais envisagée. «Jusqu'à maintenant, le mouvement syndical s'était retenu de résoudre les problèmes par la loi. Il considère maintenant que des mesures législatives doivent avoir la préférence si elles doivent se montrer plus rapides et plus pratiques.» (1) Un vent législatif va souffler sur les années soixante-dix dans l'espoir de parvenir à la «démocratie économique» ou la «démocratie industrielle» évoquées cinquante ans plus tôt devant le congrès du Parti social-démocrate de 1920.

La loi sur la représentation des travailleurs au conseil d'administration des sociétés et des associations coopératives se propose «d'offrir aux travailleurs (...) un droit de regard et une influence sur l'activité de l'entreprise par une représentation au conseil d'administration» (art. 1). Les organisations syndicales ont la faculté de nommer deux représentants titulaires avec droit de vote et deux suppléants (sans droit de vote) aux conseils d'administration des entreprises d'au moins vingt-cinq salariés (trois représentants titulaires et trois suppléants au-dessus de mille salariés à partir de 1988). Les représentants des salariés ont des droits égaux à ceux des autres membres du conseil d'administration à ceci près qu'ils ne peuvent participer aux discussions qui concernent les négociations des conventions collectives et les conflits du travail.

La loi sur la sécurité de l'emploi tend à limiter la liberté d'action de l'employeur d'embaucher et de congédier librement ses ouvriers. Désormais, «le congédiement avec préavis doit être basé sur des raisons objectives» (art. 7). Sans définir vraiment ces «raisons objectives», le législateur indique que «des raisons objectives n'existent pas là où il est raisonnable de demander à l'employeur de fournir à l'employé un autre travail dans son service». (id.)

La règle est qu'un employé embauché l'est à titre permanent. Des embauches de courte durée peuvent être acceptées; elles doivent être soumises à l'approbation du syndicat (sur l'insistance des employeurs, un amendement de 1982 a autorisé des embauches à l'essai de six mois pouvant être transformées en embauches permanentes).

Le manque de travail constitue un motif de licenciement. L'employeur est tenu d'en informer l'organisation syndicale afin que celle-ci soit en mesure de s'opposer à tout licenciement irrégulier. L'ordre de licenciement est fixé par la règle : «dernier embauché, premier licencié». En cas de réembauche dans le délai d'un an, celle-ci doit se faire dans l'ordre inverse (2).

La loi sur le statut des représentants syndicaux sur le lieu du travail garantit à ceux-ci un temps libre et rémunéré «raisonnable», compte tenu «des conditions sur le lieu du travail» (art. 6). Ce qui est «raisonnable» doit faire l'objet de négociations entre la section syndicale de l'entreprise et de l'employeur. En cas de licenciement collectif, le représentant syndical bénéficie d'une priorité de maintien dans l'emploi «à condition que ce soit d'une particulière importance pour l'activité syndicale dans l'entreprise» (art. 8). Le représentant syndical a droit à un local à son usage sur le lieu du travail.

La loi sur le droit à un congé de formation donne à tout salarié une possibilité très étendue de prendre des congés en vue de parfaire son éducation : «Un employé des services publics ou du privé qui désire poursuivre son éducation a le droit de quitter son emploi pour le temps nécessaire.» (art. 1) La priorité d'attribution des congés est donnée aux études organisées par les syndicats et aux études en vue de compléter l'éducation de base. L'employeur peut différer de six mois la date du congé demandé. Le retour dans l'emploi est de droit.

La loi sur l'environnement du travail stipule que «le milieu du travail doit être satisfaisant compte tenu de la nature des travaux et des progrès sociaux et techniques accomplis par la société. Les conditions de travail doivent être adaptées aux aptitudes physiques et mentales des individus. (...) Il faut s'efforcer d'organiser le travail de façon à ce que le travailleur soit à même d'influencer les conditions de son travail» (chap. 2, art. 1). La section syndicale de l'entreprise désigne un délégué à la sécurité. L'employeur est tenu d'informer celui-ci de tout changement ayant des incidences sur le milieu du travail. La loi donne au délégué à la sécurité le droit dans un cas extrême de faire cesser un travail jugé dangereux.

La loi sur la codétermination dans le travail mérite de plus amples développements. Son titre, d'abord, qui donna lieu à polémique. La première traduction en anglais du texte de la loi publiée par les soins du ministère du Travail suédois lui attribuait ce titre : «Joint decision in working life Act», d'où l'équivalent français : «Loi sur la participation aux décisions dans le travail.» Ce titre donnait à penser que les travailleurs suédois avaient obtenu un droit égal à celui des employeurs de décider des solutions à apporter aux problèmes posés par la vie de l'entreprise; ce qui avait retenu l'attention internationale.

En 1985, la traduction en anglais du titre de la loi fut modifiée au bénéfice de : «The Act of codétermi-nation at Work.» D'aucuns pensaient que le terme «conciliation» serait plus adéquat.

La loi énonce (art. 10) le droit pour l'organisation syndicale locale de négocier avec l'employeur pour tout ce qui concerne les relations entre l'employeur et les membres de l'organisation syndicale qui ont été ou qui sont à son service. L'employeur a le droit correspon- dant de négocier avec l'organisation syndicale. Ce droit de négociation appartient aussi aux organisations centrales des employeurs et des salariés. Un conflit non résolu au plan local doit être porté au plan national.

La loi (art. 11) fait obligation à l'employeur de demander l'ouverture de négociations avec l'organisa- tion syndicale avant de décider d'»une modification importante de son activité» ou d'une «modification importante des conditions de travail et d'emploi» du personnel. L'employeur a aussi l'obligation de négocier si «l'organisation syndicale le requiert» (art. 12).

Selon l'article 19, l'employeur doit tenir l'organi- sation syndicale «continuellement au courant de l'évolution de ses activités au point de vue économique et de la production ainsi que des grandes lignes de sa politique à l'égard du personnel. De plus, l'employeur devra offrir à l'organisation syndicale (...) la possibilité de procéder à l'examen des livres, des comptes et autres documents se rattachant aux activités de l'employeur».

Selon l'article 32, l'organisation syndicale a la possibilité de conclure, à sa demande, «une convention collective en matière de droits pour les travailleurs à la codétermination en ce qui concerne la direction du travail, l'établissement et la cessation des contrats et la marche des autres activités» : usage du symbole, le numéro 32 a été donné à cet article de la loi qui rend objet de négociation les prérogatives de l'employeur définies par l'article 32 des statuts de la Confédération patronale...

Les articles 33, 34 et 35 traitent de la priorité d'interprétation des conventions collectives. Si le litige concerne la codétermination ou les sanctions en cas de rupture de contrats de travail, le point de vue de l'organisation syndicale prévaut aussi longtemps que le différend n'a pas été tranché (art. 33). Si le litige porte sur les salaires et autres rémunérations du travail, le point de vue de l'employeur prévaut, mais il est tenu d'engager aussitôt des négociations avec l'organisation syndicale. En cas de persistance du litige, l'employeur doit en saisir le tribunal du Travail (art. 35).

Les articles 38, 39 et 40 traitent de l'appel, par un employeur, à une main-d'oeuvre extérieure à l'entre- prise (individu ou sous-traitance). Avant de prendre sa décision, l'employeur doit entrer en négociation avec l'organisation syndicale afin que celle-ci puisse examiner si le sous-traitant concerné observe ou non les lois et conventions qui régissent ce travail. Dans la négative, l'organisation syndicale est fondée à opposer son veto. La négociation n'est pas obligatoire s'il s'agit de travaux à durée limitée ou temporaires (saisonniers) ou très spécialisés.

En résumé, la loi impose à l'employeur une obligation fondamentale d'entrer en négociation avec l'organisa- tion syndicale pour tout ce qui concerne la vie de l'entreprise. Dans certaines conditions, l'organisation syndicale bénéficie de la prérogative d'interprétation jusqu'à ce que le tribunal du Travail ait tranché; elle peut exercer un droit de veto en matière de sous-traitance et user du droit de grève pour contraindre l'employeur à signer une convention de codétermination (art. 44).

Toutefois, il y a plusieurs «mais». Le premier : chacun des articles 11, 12, 33, 34, 38 qui imposent à l'employeur une obligation particulière, se conclut toujours par la possibilité donnée à l'employeur de passer outre à cette obligation sous le couvert de l'urgence ou de l'importance de la décision à prendre. Ainsi, le premier aliéna de l'article 11 fait obligation à l'employeur d'entrer en négociation avec l'organisation syndicale avant de décider d'«une modification importante de son activité»; le second alinéa dispose : «Si des raisons particulièrement importantes le justifient, l'employeur pourra adopter une mesure et la mettre à exécution avant de s'être acquitté de son obligation de négocier telle que définie à l'alinéa précédent...»

Le second «mais» : selon l'article 16 de la loi, «la partie désireuse de négocier devra en faire la demande à la partie adverse (...). Les négociations seront réputées closes lorsque l'une des parties s'étant acquittée de son obligation de négocier, aura fait connaître par écrit à la partie adverse qu'elle se retirait de la négociation».

Ces lignes signifient que, dès le moment où l'employeur a

fait savoir à son interlocuteur syndical, par écrit, qu'il se «retirait» de la négociation, celle-ci est terminée et l'employeur recouvre sa pleine liberté de décision. Dans un document publié par la Confédération du patronat (S.A.F.) à l'intention des employeurs, les auteurs sont fondés à écrire : «L'extension du droit de négocier n'implique pas dans les faits, de la part de l'employeur, une obligation légale de conclure un accord. Si les négociations arrivent à leur conclusion sans qu'un accord ait été réalisé, l'employeur a le droit de prendre ses décisions dans quelque sens qu'il juge approprié. L'employeur est aussi fondé de prendre des décisions unilatéralement dès lors que les procédures de négociations ont été accomplies.» (3)

La loi du 10 juin 1976 offrait aux organisations syndicales la possibilité de demander aux employeurs, lors des négociations salariales, d'engager une négociation en vue de signer une convention de codétermination à laquelle ceux-ci ne pouvaient se soustraire. L'initiative revenait aux organisations syndicales. Selon le texte de présentation de la loi publié par le ministère du Travail, l'intention du législateur avait été de laisser aux employés le soin d'utiliser la nouvelle possibilité offerte «au rythme et selon l'étendue qu'eux-mêmes préfèrent».

Une convention collective de codétermination dans le travail était signée en 1978 à la demande de la quasi-totalité des syndicats de fonctionnaires de l'Etat; en 1980, à la demande des syndicats d'employés des collectivités régionales et locales; en 1982, à la demande des syndicats des employés du secteur privé.

La mise en oeuvre de la loi connaîtra des fortunes diverses. Dans les services publics, son application aurait libéré la parole et secoué quelque peu les hiérarchies au prix d'une certaine «réunionite». Dans l'industrie, son sort dépendra de la force de l'organisation syndicale : là où la section syndicale est forte, la concertation existait déjà; là où elle est faible, elle n'aura pas toujours les moyens de faire appliquer la loi.

Du côté des ouvriers, les plus sceptiques auront recours à la circulation routière pour caractériser la portée de la nouvelle loi : «Avant la loi, le patron nous «passait dessus» sans rien dire; maintenant il doit klaxonner avant de passer...»

Du côté des employés, «même si certains disent que la loi de codétermination est un «flop», en fait les employeurs ont été contraints d'entendre, et d'informer; ils cherchent aujourd'hui des accommodements. Par exemple, un très grand nombre des membres de T.C.O. usent de moyens informatiques. En application de la loi, il y a maintenant des négociations préalables à l'introduction de nouveaux matériels; nous avons obtenu que l'on accepte les seuls ordinateurs qui ont satisfait aux tests d'emploi que nous avons nous-mêmes établis; nous avons amené les constructeurs à adapter leurs normes aux nôtres. Nous avons de la sorte contribué à changer les conditions du travail» (Entretien avec Björn Rosengren, président de la Confédération des cadres, fonctionnaires et employés, T.C.O.)

Magnus Unger est le directeur général de la branche Mines et Travaux publics de la multinationale Atlas-Copco : «Lorsque cette loi de codétermination est apparue, elle a rencontré l'opposition du personnel de direction qui y voyait une menace de blocage des décisions et un danger pour son autorité. En pratique, les choses n'ont pas été dans ce sens; il n'y a eu blocage d'aucune décision importante. En Suède, nos syndicats ont été si puissants - ce qui a son côté négatif - qu'ils ont dépensé beaucoup d'argent pour l'éducation de leurs cadres; ceux-ci ont une éducation au moins égale à celle du «management»; ils comprennent le business; et en raison de cette compétence, ils peuvent participer aux décisions et prendre de bonnes «business decisions».» (Notre entretien à Nacka.)

Bo Henning est le président de la section syndicale de la branche que dirige Magnus Unger; il est son interlocuteur syndical direct; il est aussi vice-président de la Fédération nationale des employés et techniciens de l'industrie rattachée à T.C.O. Il siège au conseil d'administration de la compagnie Atlas-Copco en tant que représentant du personnel; il y côtoie Peter Wallenberg : «Durant les années soixante-dix, nous avons eu ces lois qui devaient transformer la position des employés par rapport aux employeurs : la loi sur le droit d'élire des représentants des employés au conseil d'administration des sociétés, puis la loi sur la codétermination. Au tout début, beaucoup de gens étaient optimistes en ce sens qu'ils pensaient que la position des employés allait être égale à celle des employeurs. Naturellement, le sens de cette loi n'était pas celui-là. C'est comme une minorité au Parlement; vous pouvez exercer une influence en discutant, en avançant des arguments; mais à la fin de la discussion, l'employeur prend sa décision... Cela étant, nous coopérons; dans la plupart des cas nous ne sommes pas des adversaires; nous sommes face aux mêmes problèmes; il y a un certain nombre de questions où nous sommes de part et d'autre de la table : par exemple lorsqu'il s'agit de négociations sur les salaires; mais notre vie est ici et celle-ci dépend de la bonne ou mauvaise opinion de la clientèle.» (Notre entretien.)

Aujourd'hui, l'irritation du patronat semble tombée : «Après quelques années de bouleversements et de malentendus, nous avons signé en avril 1982, dans le secteur privé, une «Convention de progrès» pour l'efficacité, la rentabilité et la compétitivité dans le travail, complétée en 1985 par un accord de participation du personnel aux suggestions. L'importance de ces accords a été de dire : ce que les partenaires locaux veulent faire, qu'ils le fassent comme ils l'entendent et la loi est sans importance pour cela. Ceci a débloqué la situation et depuis lors, on ne peut dire que la loi de codétermination ait été un problème.» (Entretien avec Stellan Artin, directeur de la Confédération du patronat suédois.)

Notes

---

1. *News of Swedish Trade Union Confederation*, n° 6, septembre 1971.

2. L'application de cette loi qui protège les salariés les plus âgés au détriment des plus jeunes, peut faire l'objet de dérogations négociées entre l'employeur et les syndicats; ce fut le cas, en particulier, à l'occasion de la restructuration de la sidérurgie et des chantiers navals.

3. *Fundamental Principles of Labour Law*, Jan Nordin et Lars Sydolf, S.A.F., juin 1990.

CHAPITRE 13

LES «FONDS SALARIAUX»

Le congrès de L.O. de 1971 avait avancé un second objectif : «Rendre les travailleurs copropriétaires de leur entreprise.» En 1975, un économiste de L.O., Rudolf Meidner, proposait d'atteindre ce but par la création de Fonds salariaux alimentés chaque année par une ponction sur les superbénéfices des entreprises les plus florissantes. Cette ponction ne se réaliserait pas sous une forme monétaire, mais sous la forme d'une équivalence en actions de la société. Ces actions ne seraient pas attribuées individuellement aux salariés de l'entreprise (ce qui constituerait une entorse à la solidarité des salaires), mais conservées au sein de la société et gérées par les représentants des salariés aux conseils d'administration des sociétés. Selon l'auteur du projet, en une vingtaine d'années, les salariés suédois, par l'intermédiaire de leurs représentants syndicaux, pourraient exercer une influence majoritaire sur l'économie suédoise. Rudolf Meidner proposait en quelque sorte une appropriation collective des moyens de production par une voie pacifique.

Le projet Meidner était reçu avec espoir par les organisations syndicales ouvrières, avec effroi par le patronat, avec une certaine réticence par la direction du Parti social-démocrate à la veille des élections législatives de 1976.

Passé à l'arrière-plan durant l'éclipse du Parti social-démocrate (1976-1982), le projet reprenait vie avec le retour de ce dernier au gouvernement. Bien que très largement modifié, le projet verra se dresser contre lui une des plus importantes manifestations de rue dont Stockholm ait été le témoin : 75.000 personnes mobilisées le 4 octobre 1983 à l'appel des organisations patronales, des «partis bourgeois», des commerçants... et des boutiquiers, effrayés par cette menace d'un «socialisme concentrationnaire».

Néanmoins, le 1er janvier 1984, entrait en vigueur une nouvelle loi : celle-ci créait cinq «fonds salariaux» distincts auxquels seraient apportés chaque année deux milliards de francs provenant d'une taxe sur les salaires de 0,2% et d'une taxe sur les bénéfices de 20% à partir d'un certain seuil. Ces fonds gérés par des comités de neuf membres nommés par le gouvernement -dont cinq représentants des salariés - devraient assurer un rapport financier de l'ordre de 3% dont le montant serait versé aux fonds de retraite. L'extension des «fonds salariaux» ne pourrait aller au delà de l'année 1990. Ils capitaliseraient alors 14 milliards de couronnes, soit approximativement 5 à 6 % de la valeur globale de toutes les actions cotées en bourse.

Par glissements successifs, les fonds salariaux s'étaient ainsi éloignés de la proposition originale : faire accéder progressivement les travailleurs à la direction et à la propriété de leurs propres entreprises pour devenir des institutions financières données à gérer à des représentants syndicaux éloignés du travail. Certes, il était prévu par la loi sur la gestion des fonds que le comité directeur d'un fonds de salariés «ayant acquis des actions dans une entreprise [devait] à la demande de la section syndicale locale, lui transférer, pour un an à la fois et au maximum, la moitié des droits de vote conférés par le total des actions détenues» (1), mais «le droit de vote détenu par les fonds de salariés dans une société cotée en bourse dépasse rarement 1%» (2).

Les «fonds salariaux» pas plus que le «fonds des pensions, sur lesquels Jan Karlsson, en 1970, fondait tant d'espoir comme instrument de pression politique sur le patronat (3), n'altéraient donc notablement la répartition de la propriété en Suède. Sans doute, selon Bo Södersten, «les fonds salariaux ont-ils donné une petite influence à d'autres acteurs que les acteurs capitalistes»(4).

Prévus à l'origine pour alimenter les fonds de retraite par le rapport escompté de leur gestion, les fonds salariaux eux-mêmes sont sur le point d'être transférés aux fonds des pensions faute de quoi ces derniers ne seraient pas en mesure d'assurer le paiement des retraites dans les toutes prochaines années.

Avec la création des fonds salariaux s'apaisait le vent de réformes soulevé par le congrès du Parti social-démocrate de 1969 et le congrès de L.O. de 1970. La nouvelle législation du travail imposait à l'employeur des obligations de concertation, d'information, d'examen en commun, de présence syndicale qui n'étaient que contractuelles dans les accords de Saltsjöbaden.

Notes

---

1. *Les fonds collectifs des salariés, Bilan de trois ans d'activité*, op. cit., p. 5.

2. Id.

3. Entretiens avec Jan Karlsson en 1970 et 1992. Jan Karlsson est aujourd'hui conseiller politique auprès du Premier ministre.

4. Entretien avec Bo Södersten, professeur à l'université de Lund.

CHAPITRE 14

ENSEIGNEMENT ET EGALITE

«Notre mot d'ordre d'Egalité est une ligne d'action qui doit diriger la politique. La réforme de l'enseignement est la clé de l'égalisation future.» (Conversation citée avec Léna Hjelm-Wallén.)(1)

En 1991, le système d'éducation suédois comprend l'école de base, qui rassemble tous les enfants, de leur septième à leur seizième année (2). De sept ans à treize ans, l'enseignement est le même pour tous. Des filières apparaissent à partir du niveau équivalant à la classe française de quatrième; à la fin de la classe de troisième, 50% des élèves «choisissent» une filière professionnelle; 15% une filière «théorique» courte (deux ans d'études secondaires); 30% une filière «théorique» longue qui doit ouvrir la voie de l'enseignement supérieur.

Le but de l'enseignement a fait l'objet de nombreuses discussions. Pour Olof Palme, «on ne va pas à l'école pour parvenir à un résultat personnel, mais pour apprendre à fonctionner en tant que membre du groupe» (3). Selon la ligne directrice actuelle, l'école doit, «en coopération avec les familles, favoriser l'épanouissement des jeunes pour en faire des êtres équilibrés et des membres compétents et responsables de la collectivité» (4).

Afin de développer l'esprit de solidarité plus que de compétition, les enseignants ne notent pas les élèves avant la classe de quatrième (une note à la fin de chaque semestre). Ces notes sont «relatives», c'est-à-dire rapportées pour chaque matière à une moyenne de prestations scolaires dans l'ensemble du pays. Les notes de fin d'études de l'école de base qualifient pour l'admission à l'enseignement secondaire.

Dans les 284 communes de Suède, la responsabilité des activités scolaires -locaux, engagement du personnel enseignant et non enseignant, affectation des subventions de l'Etat, réalisation des objectifs- relève de la commission scolaire nommée par le Conseil municipal. La commune perçoit une taxe locale à cet effet.

Les besoins de la société en force de travail éduquée et les besoins personnels des étudiant(e)s déterminent le nombre de places offertes dans l'enseignement supérieur. Le Parlement fixe chaque année le nombre de places disponibles, ce qui conduit, dans la pratique, à l'établissement de quotas pour chacune des filières d'enseignement.

L'enseignement supérieur reçoit deux catégories d'étudiants : ceux qui viennent directement de l'enseignement secondaire et ceux qui, après avoir interrompu leurs études pour occuper un emploi, désirent réintégrer l'enseignement. L'expérience professionnelle est appréciée dans les critères de réintégration. Cette ouverture sur le monde du travail est d'une ampleur considérable : à l'automne 1988, on dénombrait parmi les étudiant(e)s du premier et du deuxième cycle 45% d'étudiant(e)s de moins de 24 ans; 32% âgés de 25 à 34 ans et 23% âgés de plus de 35 ans.

Tout étudiant(e) qui a besoin d'une aide pour financer ses études, peut recevoir une bourse d'études et un prêt gouvernemental à bas taux d'intérêt. La bourse représente 28% de l'ensemble. Il est tenu compte en la circonstance des seuls revenus personnels de l'étudiant(e) et non des revenus de sa famille (ou de son époux(se).

Mesure de l'effort entrepris : la durée moyenne de l'instruction de l'ensemble de la population adulte (de 16 à 74 ans) était en 1985 de 10,3 années, soit un an de plus qu'en 1975; la proportion des personnes ayant suivi un enseignement post-secondaire était passée durant la même période de 24% à 30% (6).

On n'est cependant pas satisfait des progrès de l'égalité que l'on aurait souhaités plus rapides. Une étude de *Statistics Sweden*, réalisée sur la période 1975-1985, met en relation le niveau d'instruction d'un groupe d'âge (25 à 34 ans) et la catégorie socio-économique du père. Voici de quatre ans en quatre ans, le pourcentage du groupe d'âge ayant eu accès aux études post-secondaires,hommes et femmes confondus (7):

Profession du père	1976	1980/81	1984/85
Ouvrier non qualifié	11,6%	14,6%	14,4%
Ouvrier qualifié	16,5%	19%	18,3%
Employé subalterne	34,8%	32,9%	31,9%
Employé moyen	52,8%	54,6%	54,1%
Employé supérieur et professions libérales	72,7%	69,7%	67,5%

Le groupe d'âge (25-34 ans) recensé en 1984-85 est composé de personnes nées entre 1950 et 1960, ayant commencé leur scolarité entre 1957 et 1967, accédant éventuellement aux études post-secondaires entre 1970 et 1980, c'est-à-dire dont le sort a été plus ou moins lié à la réforme de l'enseignement. Dans les trois promotions, la corrélation reste forte entre la catégorie socio-économique du père et le niveau d'instruction. La différence est très faible entre les pourcentages attribués à la promotion 1984-85 et ceux des promotions précédentes. S'il y a un progrès pour les deux catégories «ouvrier» entre 1976 et 1980-81, il y a stagnation à partir de cette date.

«Un des buts de la réforme était de faire en sorte que les enfants de familles peu éduquées puissent poursuivre des études supérieures à l'égal des familles plus favorisées. Pendant un temps il y a eu augmentation des étudiants de familles modestes. Aujourd'hui, cette représentation est retombée. Il est certain que la réforme était solidaire d'une idéologie sociale, mais les moyens et les buts n'ont pu être mis en correspondance; ainsi, nous avons voulu baser l'enseignement sur les acquis de la recherche, mais les crédits pour le faire ont manqué» (Entretien avec Lars Beckman, recteur de l'université d'Umea.)

La même enquête permet d'avancer l'idée que le niveau d'éducation plus que le niveau des revenus ferait obstacle en Suède, à la poursuite des études: la différence entre le salaire d'un ouvrier qualifié et celui d'un employé n'explique pas que la probabilité d'accès à l'enseignement post-secondaire pour un fils d'employé soit le double, en 1976, un peu moins du double en 1985 de celle d'un fils d'ouvrier qualifié. La durée d'enseignement général suivi par un employé serait plus longue que pour un ouvrier; les conditions de vie dans un foyer d'employé, les ambitions parentales aidant, seraient plus favorables à l'étude que dans un foyer ouvrier (8).

Notes

1. Lena Hjelm-Wallén est aujourd'hui ministre pour l'Aide au Développement.

2. Un projet en discussion prévoit l'entrée dans la scolarité à six ans.

3. Olof Palme, cité par Guy de Faramond, *La Réforme permanente*, Paris, Stock, 1977, p. 297.

4. *Enseignement de base et enseignement secondaire en Suède.* Feuillet de documentation sur la Suède, Institut suédois, août 1989. L'Institut suédois, 11 rue Payenne, Paris, 75003, publie régulièrement des *Feuillets de documentation sur la Suède*, des études, *Actualités suédoises*, et des ouvrages. Pour une vue d'ensemble, voir *Connaître la Suède* de Stig Hadenius et Ann Lindgren, 1990.

5. Ibid.

6. *Inequality in Sweden,* Report n° 58, Statistics Sweden, p. 38.

7. Id. p. 56.

8. Les parents disposent de deux jours de congés payés par an pour leur permettre de visiter l'école de leurs enfants de quatre à douze ans, s'entretenir avec les enseignants, ce qu'ils ne pourraient faire durant leurs heures de travail. Peu de familles ouvrières usent de cette faculté. Elles ne participent pas plus aux réunions statutaires des parents d'élèves : «Elles ne se sentent pas à l'aise; l'absence de maîtrise du langage les en tiendrait éloignées.» (Conversation à Umea.)

CHAPITRE 15

LA CONDITION FEMININE

Le symbole a disparu; les murs latéraux du hall d'entrée du siège de la Confédération ouvrière étaient précédemment couverts de deux grandes fresques : à gauche, un ouvrier fondeur, debout, torse nu, blond, le regard clair exprimant la dignité du travail ouvrier; à droite une jeune femme blonde, tenant dans la saignée du bras gauche un tout jeune enfant, donnant la main droite à une jeune garçon debout à son côté. A l'arrière-plan, une petite maison et un bouquet d'arbres : l'idéal syndical des années vingt : un travail qualifié pour l'homme, un foyer indépendant, la mère prenant soin des enfants.

Le début de l'industrialisation suédoise avait été si dur - l'extrême misère paysanne jetant nombre de femmes sur le marché du travail industriel dans les tâches les plus pénibles, la promiscuité des logements, le grand nombre d'enfants à l'abandon - que la revendication ouvrière s'était imposée selon laquelle le salaire du chef de famille devait suffire à couvrir les besoins domestiques. Tout proche aussi le modèle de la famille rurale où le partage des tâches laissait à la mère la charge du foyer et de sa proximité tandis que l'homme assurait les travaux éloignés.

Allait-on, en accord avec l'esprit du temps, modifier les fresques ? A gauche, désormais, elle et lui assurés d'un travail correspondant à leurs aptitudes sans considération de sexe; à l'arrière-plan les enfants pris en charge par un personnel spécialisé. A droite, les mêmes après le travail professionnel: elle et lui partageant les tâches domestiques allégées et répondant également aux besoins et préoccupations des enfants ? L'entrée de l'immeuble de L.O. a été agrandie. L'homme est resté sur le mur de gauche, la mère et les enfants ont été transférés dans un espace attenant, la maison et le bouquet d'arbres ont perdu leur destination...

De 1968 à 1988, le nombre de femmes occupant un emploi est passé de 1.450.000 à 2.112.000. En 1990, la Suède présente le plus haut niveau d'emploi féminin du monde industriel : 84% des femmes âgées de vingt à soixante-quatre ans; 49,3% travaillent à temps plein (plus de 35 heures); 30,9% à temps partiel (de 20 à 34 heures); 1,1% seraient au chômage. Plus de la moitié des femmes travaillent dans le secteur public (57%). A l'intérieur du secteur public, 80% relèvent des secteurs de l'enseignement et de la santé.

Ce développement de l'emploi féminin suédois a été rapide. A titre indicatif, en 1950, 15% des femmes mariées occupaient un emploi; 26% en 1960; 50% en 1970; dans des conditions difficiles compte tenu du petit nombre de crèches et de garderies pour des enfants qui commencent leur scolarité à sept ans et sortent de la classe à 15 heures.

C'est la prospérité suédoise des années cinquante et soixante qui autorisa un développement considérable des services sociaux que l'on voulait de la meilleure qualité; il s'en suivit un appel massif à la main-d'oeuvre féminine; appel soutenu par diverses incitations. En 1971, l'abolition de l'imposition conjointe des époux rend plus attractive l'entrée des femmes mariées dans un emploi salarié; en 1974, l'institution de l'assurance parentale permet aux deux parents, à la naissance d'un enfant, de se partager un congé de six mois pour lequel l'un ou l'autre reçoit 90% de son salaire brut mensuel. Ce congé peut être réparti au gré des parents jusqu'à ce que l'enfant ait atteint sa huitième année; de plus, un congé annuel de dix jours est accordé dans les mêmes conditions pour soigner un enfant malade ou lorsque la personne qui s'en occupe quotidiennement est malade. Au long des années, ce congé parental sera porté à quinze mois et le congé maladie de l'enfant à quatre-vingt-dix jours (1). Cette législation, en donnant au père aussi bien qu'à la mère le droit de prendre un congé parental, efface la division traditionnelle des tâches entre l'homme et la femme. Cependant, l'existence de la loi ne modifie pas immédiatement les moeurs : on constate que les pères utilisent peu (6%) leur droit au congé.

En 1979, la loi accorde aux parents de jeunes enfants la possibilité de limiter leur journée de travail à six heures; en 1982, des points de pension complémentaire sont attribués en cas d'absence pour la garde des enfants : l'absence ne diminue plus le montant de la retraite. C'est en 1986 qu'est accordé le congé annuel de deux jours, dit «de contact», pour visiter l'école et s'entretenir avec les enseignants des enfants âgés de quatre à douze ans. Entre-temps, de nombreux accords patronat-syndicat, des lois, décrets et règlements tendaient à imposer une observation plus stricte de l'égalité des sexes dans le travail, la santé, l'enseignement : on doit tendre à féminiser les métiers «masculins» et masculiniser les métiers «féminins». Les programmes scolaires doivent effacer les différences de sexe. Les spectacles et publications pornographiques sont contenus.

Les emplois féminins ont bénéficié de la politique de solidarité des salaires dans la mesure où celle-ci visait à une augmentation plus prononcée des bas salaires. En 1973, la rémunération des emplois féminins, dans le secteur privé, représentait 63% de la rémunération des emplois masculins; en 1989, les emplois féminins atteignent 75% des emplois masculins; dans le secteur des fonctionnaires de l'Etat, l'écart s'est réduit durant la même période: 89% du salaire masculin au lieu de 81%; 83% au lieu de 74% pour les employés de collectivités locales.

Depuis 1970, le nombre des structures d'accueil pour recevoir les enfants d'âge préscolaire et les enfants scolarisés a notablement augmenté. Le plan ambitieux de construction de crèches en nombre suffisant pour tous les parents qui en feraient la demande a cependant dû être révisé : le coût annuel d'une place de crèche, telle qu'on les concevait alors, était de 80.000 à 100.000 francs. Il y a eu repli sur des garderies municipales, des garderies familiales, etc. Toutefois, la pénurie demeure dans les grandes villes. Des initiatives privées dans ce domaine rencontreraient l'hostilité du Parti social-démocrate.

La place prise par les femmes dans la vie publique se reflète dans l'accroissement de leur représentation politique. Le Parlement en exercice compte 133 femmes et 216 hommes; la tendance à l'augmentation a été constante : 21% de députés femmes en 1973, 28% en 1982, 38% en 1988. En 1990, le gouvernement suédois comptait sept femmes et quatorze hommes. On dénombre 34% de femmes dans les conseils municipaux.

Mais les femmes constatent aussi qu'elles restent très minoritaires dans les postes de responsabilité. C'est le cas dans les comités parlementaires et ministériels. Dans les syndicats, alors que les femmes représentant 45% des effectifs de L.O., on ne compte que deux femmes parmi les quinze membres du Conseil exécutif; trois femmes siègent parmi les dix-sept membres du Comité exécutif de T.C.O.; trois parmi les dix membres du Comité exécutif de S.A.C.O.

J'avais noté en 1970 le haut niveau relatif du travail féminin du moment (56,6%) et je m'étais demandé si un deuxième salaire au foyer ne répondait pas à une nécessité pour conclure : «On peut se demander si tant de femmes suédoises désirent occuper un emploi ou doivent occuper un emploi.» La même question vient à l'esprit devant un taux d'emploi de 84%. J'aurais tort: «Il existe une très forte tradition en Suède selon laquelle tout le monde doit occuper un emploi; c'est quelque chose de très intériorisé. Les femmes n'acceptent pas d'être de simples maîtresses de maison. Ce qui signifie qu'il existe une très forte pression psychologique sur les femmes qui ne désireraient pas travailler. Avoir un travail, c'est aussi une part de la liberté de la femme.» (Entretien avec Joachim Vogel, directeur, Statistics Sweden.)

Notes

---

1. Le congé parental est indemnisé à 90% du revenu brut des parents pour les premiers douze mois et à 60 francs par jour pour les trois mois suivants. Le congé maladie de l'enfant est indemnisé à 80% du revenu ordinaire pendant les quatorze premiers jours et à 90% pour les jours suivants.

CHAPITRE 16

LES NEGOCIATIONS DECENTRALISEES

L'essence du système suédois c'était la décision prise de régler les questions du travail par le moyen de négociations centralisées entre partenaires sociaux partageant le même intérêt pour le développement économique, la rationalisation, l'augmentation de la productivité,et acceptant les principes du plein emploi et de la solidarité. Les accords conclus entre la confédération ouvrière (L.O.) et la confédération des employeurs (S.A.F.) jouaient un rôle directeur pour l'ensemble des rémunérations et des conditions du travail. Les «recommandations» faites centralement étaient transmises aux fédérations d'industries pour adaptation puis au niveau local pour application et accommodements négociés.

A la veille des négociations centralisées de 1970, M. Gunnar Lindström, directeur de la confédération patronale, exprimait ses craintes : «Les négociations s'annoncent difficiles. Le grand problème va être pour nous, dans l'avenir, de contenir les coûts des salaires ouvriers.» (juin 1970)

Les négociations centralisées de 1970 furent effectivement difficiles. Elles devaient le devenir de plus en plus.

C'est qu'en vingt ans, la Suède a changé. Le taux de l'emploi est passé de 73% de la population en âge de travailler à 84% en 1989 et la répartition des secteurs d'activités s'est modifiée.

Ainsi, de 1970 à 1989, le secteur d'activité directement productif est tombé de 36,6% à 28,4% des emplois; le secteur des services s'est accru de 53,7% à 66,7%. Les modifications de l'activité économique ont entraîné des modifications dans la nature et la répartition des forces syndicales.

Emploi par secteur, en % de la main-d'œuvre

	1970	1989
Agriculture, pêche et sylviculture	8,2	4,0
Mines et industrie de transformation	26,6	21,9
Electricité, gaz et distribution d'eau	0,7	0,7
Bâtiment	9,3	6,3
Commerce de gros et de détail, restauration	14,5	13,8
Autres services privés et commerciaux[1]	8,9	20,9
Administration nationale	6,2	6,4
Administration locale	14,1	24,9
Chômeurs	1,5	1,4

[1] Transports, communications, banques, assurances, gestion immobilière, etc.

Ressources humaines

	1970	1989
Population moyenne, en milliers	8 040	8 493
Population active, en milliers	3 910	4 526
Taux de l'emploi, groupe d'âge 16—64 ans, %	73,3	84,5
Chômage total déclaré, %	1,5	1,4
Chômage, groupe d'âge 16—24, %	2,8	3,0

La Confédération générale du travail (L.O.) a accru ses effectifs : de 1,6 million d'adhérents (retraités compris) en 1968 à 2,25 millions en 1988. La Fédération des travailleurs de la métallurgie, qui avait été le fer de lance du mouvement ouvrier, n'occupe plus, malgré ses 465.000 adhérents, la première place dans L.O.; celle-ci a été prise par la Fédération des travailleurs municipaux (640.000 adhérents), suivie par la Fédération des travailleurs de l'Etat (160.000); c'est-à-dire des catégories qui relèvent du budget des collectivités locales et de l'Etat. L.O regroupe aujourd'hui 90% des effectifs syndicalisables (1).

La Confédération générale des cadres, fonctionnaires et employés (T.C.O.) a porté ses effectifs de 600.000 adhérents en 1968 à 1,3 million en 1988. La principale fédération affiliée - la Fédération des employés et cadres de l'industrie - compte 300.000 adhérents; la Fédération des employés des collectivités locales et la Fédération des fonctionnaires de l'Etat, réunies, comptent 310.000 adhérents. T.C.O. organise 75% des cadres, fonctionnaires et employés syndicalisables (2).

La Confédération générale des travailleurs intellectuels

(S.A.C.O.-S.R.), qui comptait 90.000 adhérents en 1968, en compte 320.000 en 1988. Au total, le marché du travail suédois compte aujourd'hui 3,87 millions de salariés syndiqués, de toutes branches, qui attendent de leurs représentants qu'ils s'emploient à faire respecter leur droit à un partage du produit national qu'ils doivent estimer équitable.

Or, depuis vingt ans, l'accroissement de ce produit tend à se ralentir; la productivité baisse; corrélativement, le pouvoir d'achat baisse : de 1970 à 1990, le pouvoir d'achat, en moyenne, a stagné. Ce qui signifie que certaines catégories de salariés ont perdu au cours de ces vingt ans une partie de leur pouvoir d'achat : «Dans les années quatre-vingt, les ouvriers ont perdu pratiquement un salaire mensuel» (Entretien avec C.H. Hermansson, ancien président du Parti de gauche.) Les prévisions pour 1991 sont négatives.

	1960-70	1970-80	1980-90
- Evolution du produit national brut en moyenne annuelle au cours des décennies:	4,4%	2,0%	1,8%
- Evolution de la productivité pour l'ensemble de l'économie en moyenne annuelle:	4,9%	2,7%	1,2%
- Evolution des salaires en moyenne annuelle :	4,5%	0,0%	0,0%

Il est plus facile de sauvegarder l'harmonie autour d'un gâteau qui prend de l'ampleur que d'un gâteau qui tend à se réduire, d'autant que ceux qui se sont donné les moyens de participer au partage sont plus nombreux. L'entrée massive des employés et des cadres - en particulier du secteur public - sur le terrain des luttes syndicales compliquera la situation. En novembre 1970, comme prévu, L.O. présentait ses revendications salariales à la confédération patronale; les fonctionnaires de L.O. et S.A.C.O.-S.R. présentaient les leurs à leur employeur : le gouvernement. Les négociations échouèrent. Le gouvernement lock-outait 2.500 professeurs et menaçait 3.000 officiers du même sort. La grève administrative paralysait le pays : de nouvelles catégories de salariés faisaient l'expérience de l'action syndicale. En 1980, la Suède connaissait un des plus importants conflits sociaux de son histoire (718.000 participants directs ou indirects, majoritairement des employés et cadres). En 1985 et 1986 s'entrecroisaient arrêts de travail et lock-out dans les transports, l'éducation, la police, les douanes et la santé. Désormais, les employés du secteur public demandent des salaires qui ne les laissent pas à la traîne des salaires des employés du secteur privé qui finissent par bénéficier des glissements de salaires obtenus par les syndicats ouvriers.

Si, jusqu'en 1982, les négociations centralisées entre L.O. et S.A.F. parvenaient à des accords plus ou moins bien acceptés, à partir de 1983, le «chacun pour soi» va tendre à se développer. En 1983, les fédérations ouvrière et patronale de la métallurgie menaient à bien leur propre négociation. Dès lors se succèderont négociations centralisées et décentralisées. Jusqu'à ce que, le 4 février 1990, S.A.F. prenne la décision de ne plus participer dans l'avenir aux négociations salariales : «Au début, ces accords centralisées, c'était très simple. Le premier accord entre S.A.F. et L.O., en 1957, était un document d'une page et demie; en 1970-1971, c'était un document de cent-vingt pages... Quel était l'avantage des négociations centralisées du point de vue patronal ? C'était une manière de nous assurer la paix; mais à la fin des années soixante, nous avons eu des grèves «sauvages»; nous n'avions donc pas acheté la paix... On payait un prix élevé pour un produit inférieur... Le patronat a donc commencé à mettre en question le centralisme. Durant les années quatre-vingt, les discussions ont continué. La Fédération des industries métallurgiques, la première, a décidé de se retirer de cette école. Aujourd'hui, la situation est claire : notre bureau a décidé qu'à partir de maintenant, ce sont les négociations au niveau des fédérations qui comptent : c'est le modèle que nous avons définitivement choisi.» (Entretien avec Stellan Artin, directeur, Confédération du patronat.)

Pour pallier la carence de la confédération patronale, le gouvernement a créé une commission des sages - la commission Rehnberg - pour tenter par le moyen de la consultation de toutes les parties en cause, de trouver un compromis sur la fixation des salaires et des revenus. «De la condition d'observateur neutre et garant des accords centraux, l'Etat est devenu de plus en plus un troisième partenaire actif, en tant que législateur, mais aussi en tant que principal employeur avec ses propres intérêts «à protéger».» (3)

Le 20 décembre 1990, la commission Rehnberg a proposé «un accord de stabilisation» pour les années 1991 et 1992. La quasi-totalité des syndicats T.C.O. et S.A.C.O.-S.R. ont rejeté ce plan parce qu'il ne laissait pas une place suffisante aux négociations locales. Le recours à une mesure législative n'est pas exclue.

Notes

1. En 1991, la cotisation mensuelle versée par les fédérations membres est de 14 francs par adhérent, soit une recette annuelle de 378 millions de francs. L.O. emploie cinq cents personnes (personnel des écoles syndicales compris); les fédératioons en emploient cinq mille. Le fonds de grève de L.O. avoisinerait les cinq milliards.

2. La cotisation annuelle reçue par la confédération est de 120 francs par adhérent. Soit une somme globale annuelle de 156 millions de francs. T.C.O. emploie 1.700 personnes, dont 140 au siège de la confédération; le fonds de grève serait de 3,5 milliards.

3. Anders L. Johansson et Lars Magnusson : *Adjustment problems and prospects for the future*. Dactylographié, distribué par L.O, p:15-16.

CHAPITRE 17

LA CONFEDERATION PATRONALE (II)

L'aspect extérieur du siège de la confédération du patronat suédois n'a pas changé. La réception a été agrandie, éclairée, rendue accueillante au visiteur. L'austérité ne sied plus au nouveau patronat. Depuis vingt ans, le nombre des sociétaires a considérablement augmenté : de 23.800 à 44.000 par l'admission des petites entreprises (cinq salariés et moins). Cette catégorie représente aujourd'hui 54,5% du nombre des sociétaires, mais 4% seulement de la force de travail concernée. Les sociétés employant plus de 200 salariés représentent 2,9% du nombre total des sociétés, mais plus de la moitié des emplois (55%). Le nombre global des salariés «couverts» par S.A.F. est resté stable : 1,3 million.

La garantie contributive que tout sociétaire doit mettre à la disposition de la confédération lors de son adhésion a été, pour l'exercice 1990, de 3% de la somme des salaires versée l'année précédente. La cotisation annuelle due par les sociétaires a représenté approximativement 0,4% de leur masse salariale. Le fonds d'assurance (fonds de grève) constitué par le reliquat des cotisation après paiement des frais généraux s'élève, pour le même exercice, à 4,6 milliards de francs auxquels pourrait s'ajouter, en cas de conflits sociaux prolongés, tout ou partie du fonds de garantie constitué par les garanties contributives des sociétaires, soit la somme de 5,7 milliards (1).

La confédération emploie quatre cents personnes; plus de mille si le personnel des fédérations affiliées est inclus.

L'article 32 des statuts de la S.A.F. a été modifié en 1977

après le vote de la loi sur la codétermination dans le travail. Le nouveau texte garde du texte ancien l'obligation pour l'employeur de faire reconnaître par les syndicats son droit à embaucher des salariés appartenant ou non à un syndicat. Le texte poursuit : «Le droit de participation en ce qui concerne les décisions relatives à l'établissement et la cessation des contrats de travail, à la direction et la répartition du travail et, par ailleurs, à la marche des activités de l'entreprise,ne pourra être garanti aux salariés qu'en conformité avec les règles directrices fixées par le Conseil général.» C'est dire que la mise en oeuvre, par les employeurs, de la loi sur la codétermination, reste soumise à la vigilance de la confédération : «Les règles dont parlent nos statuts ont pour objet d'éviter que l'on aille plus loin que la loi.» (2)

Si un second amendement au même article 32 allège quelque peu les modalités du contrôle de la direction de S.A.F. sur le déroulement des négociations au niveau des fédérations, celle-ci garde le droit d'infliger des sanctions aux contrevenants. A l'automne de 1987, l'Association patronale de la boulangerie et de la pâtisserie se voyait signifier une amende d'un million de francs pour avoir accordé des augmentations de salaire jugées exorbitantes...

Dans le même temps, la confédération patronale s'est interrogée sur son rôle dans la vie sociale. En 1970, j'avais noté que la confédération patronale participait à 97 comités et commissions couvrant l'ensemble de l'activité nationale : «Avec les années, cela nous avait conduit à désigner près de 5.000 représentants. Nous nous sommes demandé s'il était normal que le travail d'une agence nationale, que l'interprétation des lois, que les politiques décidées par des élus en viennent à relever d'une sorte de négociation entre patronat et syndicats. A chacun sa responsabilité. A partir de l'année prochaine, nous nous retirerons de toutes les agences officielles qui prennent des décisions.» (id.)

Ce retrait des négociations salariales centralisées et des organismes politico-administratifs a jeté quelque trouble. Lorsqu'un joueur se retire, la partie s'arrête. Concomitamment, en septembre 1990, un an avant les élections générales, S.A.F.

publiait un manifeste : «Le choix de S.A.F. pour les années 1990», dont la teneur donne à penser que si la confédération patronale semble prendre du champ à l'égard des négociations salariales, c'est pour mieux embrasser l'ensemble : la politique de la Suède. Déjà, dans les années soixante-dix, la S.A.F., de son propre aveu, avait commencé «à se consacrer plus activement à l'information et à l'action sur l'opinion» (3). Avec ce manifeste, S.A.F. franchit un nouveau pas : devant la faiblesse des partis «bourgeois» appelés, pense-t-on, à gouverner dans un proche avenir, la S.A.F. ne pourrait-elle jouer le rôle d'un catalyseur des forces opposées à la social-démocratie s'appuyant en particulier sur son réseau de 24.OOO petits employeurs souvent plus enclins que les grands à l'idéologie ?

L'importance de l'initiative vaut qu'on s'y arrête. Le texte commence par décrire, au présent de l'indicatif, la Suède idéale que les employeurs appellent de leurs voeux. Dans l'idéal,

«La Suède est devenue une économie de libre marché avec une croissance économique régulière et des citoyens libres et indépendants. Le droit à la propriété personnelle, la liberté d'entreprise et la liberté de conclure des accords sont tous respectés et protégés par la Constitution.

Les compagnies, la terre, les habitations et autres propriétés sont possédées et administrées par des compagnies et des personnes privées. La propriété personnelle jouit de conditions favorables.

La pression fiscale a été abaissée au niveau européen. Le système de taxation stimule le travail, la propriété personnelle, l'épargne et l'entreprise. Le capital requis pour des investissements productifs provient de l'épargne du secteur privé.

Les activités strictement gouvernementales et les activités clés du secteur public sont dirigées par les organes du secteur public. Les biens et services sont produits par le secteur privé opérant dans un environnement compétitif. Le droit de libre établissement est garanti aux compagnies, et la liberté de choix aux citoyens. Les hommes politiques et les organes officiels respectent le besoin qu'ont les entreprises de régles du jeu claires et stables.

La Suède et les compagnies suédoises sont intégrées dans l'économie mondiale; elles ont des contacts internationaux denses et réguliers. La Suède est engagée activement dans la promotion d'une plus grande liberté des échanges à l'intérieur du G.A.T.T., de la Communauté européenne et des autres organisations internationales auxquelles notre pays appartient.»

Cette Suède idéale évoquée, quels sont «les changements à accomplir» ? Le manifeste répond en neuf points :

«1. Le droit individuel de propriété reçoit la garantie de la Constitution (4).

2. La pression fiscale est réduite au niveau moyen européen. Le coût du service public est réduit en conséquence.

3. L'impôt sur la fortune et la double taxation des dividendes sont abolis. Les droits de succession sont réduits au niveau moyen européen et entièrement abolis sur le capital employé dans les affaires.

4. Les compagnies propriétés de l'Etat sont privatisées. Le secteur public de production est ouvert à la compétition sur un pied d'égalité.

5. Une claire distinction est faite entre les organes du gouvernement et autres organes officiels d'un côté, et les organisations représentant les affaires et les salariés de l'autre.

6. Les appartements qui sont la propriété des offices municipaux du logement sont mis en vente, prioritairement, à leurs occupants.

7. Les «fonds salariaux» contrôlés par les syndicats sont démantelés. Les actions du fonds de l'Assurance nationale des pensions sont vendues. Les structures de fonds obligatoires sont rejetées.

8. L'accumulation de fonds pour les pensions est sujette à restrictions. Les fonds d'assurance collective contractuelles sont répartis. Les compagnies d'assurances sont invitées à offrir, en plus grand nombre, de meilleures gestions de plans d'assurance.

9. La Suède pose sa candidature à son entrée dans la

Communauté européenne.»

Cette *Vision de S.A.F. pour les années 1990* prend l'exact contre-pied du programme du mouvement ouvrier suédois : privatisation des entreprises d'Etat, des chemins de fer, des services postaux et autres services publics; introduction des forces du marché dans les services de santé, des soins aux enfants et aux personnes âgées; mise en cause de l'assurance sociale et des systèmes des pensions par l'encouragement à des initiatives privées, vente des logements sociaux, etc.

Dans la suite du manifeste, S.A.F. réclame de nouvelles règles qui rendent plus difficile le recours à la grève, une augmentation «sévère» des dommages à payer par les syndicats en cas de conflit, la légalisation d'agences privées de l'emploi concurrentes de l'ANPE, la compétition entre divers types d'école qui ouvrirait la voie à l'enseignement privé. Selon le président de la S.A.F., Ulf Laurin, la confédération patronale se donnerait cinq ans pour réaliser ces objectifs (5).

Cette nouvelle conception du rôle de la confédération patronale - abandon des négociations centralisées, retrait des commissions de travail, prise de parti politique, etc.- choque des générations patronales plus anciennes. Pour Lars Strängh, directeur de la S.A.F. en 1969, actuel président de l'Association des exportateurs de bois : «Le patronat ne doit pas faire de la politique; il doit produire. Nous avons perdu la conception des années soixante qui était de travailler ensemble pour le pays. Chacun travaille pour soi et je regrette de le dire, toute la société est devenue plus égoïste. L'idée d'alors était qu'il fallait avoir des négociations centralisées pour garder la paix sociale. Maintenant, le patron dit «Non ! Ces négociations ne nous intéressent pas. Ce n'est pas la solution !» Quelle est la solution ? On négocie par fédération - le bois, la métallurgie, le papier; pas individuellement, mais à travers les associations; mais le but final du patronat, c'est de négocier pour une seule entreprise ! Quel sera le résultat ? Evidemment pas la paix sociale globale. C'est impossible... On peut obtenir une paix locale chez Volvo, ici ou là, mais pas la paix globale; ce qui est extrêmement important pour un petit pays comme la Suède. Ce que dit M. Laurin, ce sont des choses pour moi incroyables. Cela mesure les distances entre les générations. La S.A.F. se retire de toutes les commissions. On ne veut pas prendre de responsabilités. Qu'est-ce qu'un patronat qui ne veut pas prendre de responsabilités ? Il y a des patrons, il n'y a plus de patronat...

«Le patronat pensait à la Suède comme à une communauté, une totalité dont il fallait assurer la prospérité et pour laquelle il fallait prendre des responsabilités. On faisait de son mieux pour garder la paix, élever les bas salaires, pour créer une structure acceptable pour tout le monde; et subitement, en 1975, le gouvernement a dit «Non, il faut un fonds des salariés pour nationaliser une partie des entreprises...» Je dois vous dire que du côté patronal la déception a été énorme.» (Notre entretien.)

Notes

1. S.A.F. *Financial Statement*, 1990.

2. Entretien cité avec Stellan Artin, directeur de la S.A.F.

3. S.A.F., 1978, p. 18.

4. La propriété ne figure pas parmi «les libertés et droits fondamentaux» garantis par la Constitution de la Suède adoptée en 1974. Il est fait état de la propriété dans l'art. 17 :«A tout citoyen dont la propriété fera l'objet d'une expropriation ou d'une mesure analogue il sera assuré une indemnité pour cette perte conformément aux principes énoncés par la loi.» (Loi 1979:933.)

5. «Le patronat suédois est presque devenu un parti politique. Son président se comporte comme un leader de parti alors que les partis «bourgeois» ne semblent pas en état de se réunifier autour d'un programme.Le patronat a mis en place des hommes, des structures, des moyens d'information et de financement considérables.» (Entretien avec Pierre Schori, membre du Parti social-démocrate, secrétaire général du ministère des Affaires étrangères.)

CHAPITRE 18

LA CONFEDERATION OUVRIERE (II)

L.O. fut l'organisation des travailleurs manuels; elle l'est restée. L'expression classe sociale, que l'on s'interdisait il y a vingt ans, figure souvent dans ses textes et même là où il suffirait de parler de catégories sociales. Près de 92 % des emplois suédois sont des emplois salariés; la classe bourgeoise, au sens strict, est étroite; le vocabulaire politique a cependant conservé cette distinction : Partis «socialistes» pour désigner le Parti social-démocrate et le Parti de gauche (communiste) et Partis «bourgeois» pour désigner les Partis du centre, libéral et modéré. Grosso modo, L.O., T.C.O. et S.A.C.O représentent trois grandes catégories de salariés - ouvriers, employés, professions intellectuelles - qui se distinguent par leur niveau de salaire et leur mode de vie. Si le caractère de classe de la confédération ouvrière est nettement défini, on ne saurait en dire de même de T.C.O. et de S.A.C.O. Cependant, la confédération ouvrière sera tentée de comparer la situation faite aux salariés adhérents de L.O. à celle faite aux salariés adhérents de T.C.O. et S.A.C.O. qui font alors fonction de «classes sociales».

Cette remarque faite, L.O. est prompte à mettre en évidence les inégalités dont ses adhérents seraient les victimes. Sa vigilance est parfois dérangeante «Quand on parle des jeunes et de leurs conditions de vie, on tend à laisser croire qu'ils constituent un groupe dans des situations relativement similaires. Ce n'est pas vrai. La conclusion écrasante à tirer de notre *Etude sur le Bien-être des Jeunes*, c'est que, dans la Suède d'aujourd'hui, la situation des jeunes varie considérablement et que ces variations reflètent un système de classes. Quand certains groupes sont dans des situations plus difficiles dans presque tous les domaines et que l'on additionne les situations, le tableau d'une société de classes apparaît avec une netteté dramatique. L'indicateur réel d'une société de classes est que le bien-être est distribué en accord avec l'occupation et le statut social.» (1)

Il n'y a pas de domaines qui ne soient explorés. Le travail : aux jeunes ouvriers sont assignées les tâches les plus fatigantes, répétitives, bruyantes, malsaines et les plus contraignants (2). L'habitat : les jeunes ouvriers sont ceux qui vivent le plus longtemps dans le ménage de leurs parents, faute de recevoir d'eux l'aide financière qui leur permettrait d'avoir un logement indépendant. L'instruction : le recrutement scolaire est qualifié de «socialement orienté» en dépit des objectifs déclarés. En conséquence de cette inégalité culturelle : «Un peu plus de 40% des jeunes de la classe ouvrière pensent qu'ils seraient incapables de rédiger une lettre aux autorités pour faire appel contre une décision à leur égard qu'ils pensent injuste. Le pourcentage serait de 20% chez les jeunes employés : le changement a été relativement mineur depuis le milieu des années soixante-dix.» (3)

Les conditions du travail ouvrier font que «les familles de travailleurs syndiqués à L.O. ont des possibilités d'accès aux services communaux d'accueil des enfants (crèches, garderies, etc.) inférieures à celles des autres catégories de travailleurs (employés administratifs, travailleurs intellectuels) (...). Les adhérentes à L.O. ont donc des conditions de vie très dures, en particulier les femmes élevant seules leur(s) enfant(s) (...). Les membres de L.O. doivent bénéficier de possibilités d'utilisation des services offerts par la société identiques à celles des autres salariés.» (3)

Le mouvement ouvrier, malgré ses efforts, n'est pas parvenu à infléchir la «loi» selon laquelle le taux de participation électorale a un rapport direct avec le niveau des salaires et(ou) d'éducation. Les auteurs de l'étude «s'étonnent» de la grande différence dans le taux de participation électorale entre les différents groupes de jeunes : «Dans le groupe d'âge 21 à 29 ans, le taux de participation masculin aux dernières élections législatives (1988) a été de 73% pour les adhérents de L.O. et de 93% pour les adhérents de S.A.C.O. Soit une différence de 20 points.» La différence a été moindre (13%) pour l'électorat féminin jeune. La conviction de L.O. c'est que l'égalité n'est pas aussi avancée que certains le soutiennent.

L.O. en tant que confédération se sent menacée. Le refus de la confédération patronale de prendre part désormais aux négociations salariales la laisse sans partenaire. L'évolution technique suscite des conflits d'attribution : dans l'atelier où placer la démarcation entre les ouvriers professionnels de L.O. dont le travail «s'intellectualise» et les employés et techniciens adhérents de T.C.O. ? Les jeunes adhérent moins aux syndicats que leurs aînés : qu'est-ce que cette institution centenaire peut nous apporter que nous n'ayons déjà ? «Plus les générations sont jeunes, moins elle se sentent d'affinité avec le mouvement ouvrier. Ce n'est pas seulement parce que les plus jeunes sont plus conservatrices, mais aussi parce que nous nous trouvons devant ce que nous pouvons appeler un pur effet de génération sans relations avec l'idéologie politique.» (4) La syndicalisation serait faible dans les entreprises qui se créent.

On a dit plus haut le poids numérique des syndicats des salariés des services publics; or, les services publics, rémunérés par l'impôt et les taxes dont la limite acceptable serait atteinte, se dégradent faute d'une force de travail qualifiée stable qu'attirent les salaires plus élevés des entreprises privées. Doit-on, à leur sujet, mettre le doigt dans l'engrenage de la privatisation au risque de menacer l'ensemble du système ? «Comment participer aux changements structurels inéluctables tout en retenant les valeurs et les buts du mouvement syndical ?» (5)

«La politique traditionnelle de L.O. a été d'imposer l'égalité. La Suède plus qu'aucun autre pays, a un niveau de salaire assez égal. Cette politique de plus grande égalité ne fonctionne plus dès lors qu'elle a assez bien réussi... Les différences de salaire et de productivité sur le lieu du travail sont tellement faibles qu'il est impossible d'aller plus loin. En tant qu'économiste de L.O., je pense que nous avons trop peu de propositions à faire à l'employeur. Notre politique nous a conduit plus vite que dans d'autres pays à fermer les entreprises en déclin et à aider le personnel licencié à travailler dans des branches plus productives. Aujourd'hui, l'écart de productivité entre les entreprises est devenu étroit. Au lieu de déplacer la main-d'oeuvre d'un endroit à un autre, nous voulons essayer de la déplacer à l'intérieur de l'entreprise. L.O. ne s'oppose pas à l'individualisation du salaire, mais c'est la tâche qui doit recevoir le salaire. Nous voulons faire des accords sur la valeur de chaque tâche: quelles sont les compétences exigées par chaque poste et quelles seront les possibilités de formation pour accéder à ce niveau de compétence ? C'est le taylorisme de l'employeur qui a enlevé ses caractéristiques à l'individu. Nous reprenons la lutte contre le nouveau libéralisme pour définir les possibilités et les besoins de l'individu.» (Entretien avec Dan Andersson, économiste de L.O.)

Durant que la recherche d'un système parfait d'évaluation du travail se poursuit, la logique du marché fait son oeuvre : faute de synchronisation des négociations au cours des années 1980, «la dispersion des salaires est revenue [en 1987-1988] au niveau des années soixante-dix» (6).

Notes

---

1. *Young People's Welfare*, L.O., mai 1990.

2. «Les jeunes de L.O. sont au niveau le plus bas de l'échelle des contraintes.» Devant une demande inopinée d'une heure d'absence pour faire une course sans retenue de salaire, l'employeur répond positivement à 22% s'il s'agit d'une jeune ouvrière de L.O.; à 47% à une employée de T.C.O.; à 73% à un jeune cadre féminin de S.A.C.O. : «Il n'y a aucun domaine qui soit aussi défini par la classe que la liberté et l'influence dans le travail; la jeune ouvrière est au plus bas de cette échelle.» (Young People's Welfare, op. cit.)

3. Durée du travail et emploi, L.O., mai 1988, p. 25.

4. Nils Asbjornsen, op. cit., p. 27.

5. Anders L. Johansson et Lars Magnusson : Adjustment problems and prospects for the future. Dactylographié, distribué par L.O.

6. Douglas A. Hibbs : *Wage compression under Solidarity bargaining in Sweden.* Trade Union Institute for economic Research, Stockholm, 1990.

CHAPITRE 19

T.C.O. ET S.A.C.O.-S.R.

Le changement saute aux yeux. Le modeste siège de la Confédération des cadres, fonctionnaires et employés de Suède (T.C.O.) visité en 1970, a fait place à un immeuble imposant mais sans ostentation. Si l'évolution économique et sociale a joué contre L.O. avec la disparition des industries lourdes (sidérurgie, chantiers navals, mines), elle a joué pour T.C.O. avec le développement des services. Il y a vingt ans, 10% des adhérents de T.C.O. avaient fait deux années d'études post-secondaires; la proportion est aujourd'hui de 50%. Les rapports de T.C.O. et de L.O., difficiles en 1970, se sont améliorés. Les deux confédérations entretiennent à Bruxelles une délégation commune; elles coopèrent au sein d'une commission pour l'Aide au développement, etc. (1).

Contrairement à L.O., qui fait corps avec le Parti social-démocrate, la confédération T.C.O. est indépendante. Son électorat se partage par moitié entre les partis «socialistes» et les partis «bourgeois». Björn Rosengren, président de la confédération, est membre du Parti social-démocrate. Si, du côté de L.O., on cherche toujours à freiner la tendance à la décentralisation des négociations salariales, cette décentralisation est encouragée à T.C.O. On accepte qu'il y ait des écarts de salaires dus aux différences dans le travail et entre les individus. Mais cette différenciation ne doit pas être laissée au gré du marché ni à celui de l'employeur. «La politique des années soixante, c'était qu'aucune tête ne devait dépasser; tous devaient être au même niveau. La philosophie d'aujourd'hui, c'est que chacun ait une possibilité identique, des chances égales de se développer de façons différentes. On ne doit pas aller de la dictature du patronat à celle du syndicat. C'est ce qui était en train de se faire dans les années soixante-dix. L'effort de nos syndicats, aujourd'hui, vise à permettre à leurs membres de se libérer, de se développer eux-mêmes; on doit les aider à faire ce qu'ils veulent faire, à utiliser leurs capacités. Ce langage n'aurait jamais été tenu par un dirigeant syndical il y a vingt ans. Si je l'avais tenu, je ne serais pas là où je suis.» (Björn Rosengren fut délégué syndical d'une fédération de T.C.O. il y a vingt et un ans.)

«Nous ne devons pas accepter de trop grands écarts de salaire parce que, si l'on élargit trop l'éventail des rémunérations, on crée des problèmes de société. Il est important de faire en sorte que les groupes faibles soient soutenus et aidés. Les couches moyennes doivent accepter de participer à cet effort. Notre confédération organise précisément ces couches moyennes. Sans cet effort, nous aurons une société de type américain avec les riches qui vont dans leurs écoles et les pauvres dans les leurs. En Suède, jusqu'à maintenant, les riches comme les pauvres ont été dans les mêmes établissements scolaires; ils se sont retrouvés dans la salle d'attente du même médecin : le directeur et l'ouvrier métallurgiste. Comme nous n'avons pas une société très hiérarchisée, les différentes classes se rencontrent sur le lieu du travail mais aussi dans la société, et cela crée une certaine solidarité. Nous devons garder cela. Les classes moyennes n'accepteraient pas de voir des mendiants ou des couches défavorisées à la rue. Il ne faut pas que quelqu'un vienne dire : «Pourquoi dois-je payer pour ce pauvre type ?» Notre confédération doit mener une politique qui fasse en sorte que nos membres trouvent intérêt à aider les groupes faibles. Le jour où nous ne réussirions pas cet équilibre, ce serait la fin du modèle.» (Notre conversation.)

La Confédération des travailleurs intellectuels a établi modestement son siège mais au sein de la vieille ville. S.A.C.O.-S.R. fédèrent vingt-cinq syndicats professionnels : ingénieurs, médecins, architectes, enseignants, juristes, clergymen et étudiants... La confédération se définit comme politiquement neutre. Les préférences de son électorat vont vers les partis «bourgeois» - dont 28% pour le Parti modéré (conservateur) et 27% pour le Parti libéral. Les sociaux-démocrates reçoivent cependant 20% des suffrages et le Parti de gauche y trouve son plus haut pourcentage (8,6%).

La confédération limite ses activités aux relations employeurs-employés; elle préfère des solutions «individuelles» dans ce domaine : «La compétence, l'expérience, la responsabilité et la performance doivent être convenablement récompensées.» Le mot Egalité n'est pas prononcé si ce n'est dans les relations entre les hommes et les femmes; on juge ainsi insuffisante la place des femmes dans les conseils de direction des syndicats affiliés.

Le programme en dix points pour les trois prochaines années met l'accent sur la formation, les connaissances, la qualification qui doivent être d'une qualité internationale élevée; sur la nécessité d'augmenter les salaires des universitaires pour les rendre concurrentiels à l'intérieur et à l'extérieur de la Suède; un meilleur financement des études supérieures; il faut se préparer à l'intégration de la Suède dans le marché commun des connaissances et de l'emploi. S.A.C.O.-S.R. estime avoir «le vent en poupe» : la société suédoise prend conscience de l'importance de la formation supérieure et du rôle des professions supérieures : «De même que l'on parle des capacités concurrentielles dans l'industrie suédoise pour dire qu'elles se sont affaiblies - ce qui préoccupe -, de même on prend conscience aujourd'hui que d'autres pays ont accordé plus d'importance que nous à cette formation.» L'entrée dans le Marché commun impose l'équivalence des diplômes : «Notre objectif est que la Suède participe pleinement à la libre circulation sur le marché du travail.» (Entretien avec Ernst Eric Mark, expert de S.A.C.O.)

Note

---

1. La Suède consacre 1% de son produit national brut à l'aide au

développement. Les gouvernement «bourgeois» avaient été tentés de lier cette aide à l'achat de matériel suédois (équipement des chemins de fer, par exemple) «Ce qui est important, c'est que cette aide crée une ambiance favorable pour les industriels suédois.» (Entretien cité avec Urs Hauser.)

CHAPITRE 20

LES PARTIS «BOURGEOIS»

En septembre 1976, le Parti social-démocrate, avec 42,7% des suffrages, perdait quatre sièges; son allié de fait, le Parti de gauche (communiste) avec 4,8% des suffrages, perdait deux sièges. Après quarante-quatre années de présence à la direction du gouvernement de la Suède, la dynastie social-démocrate (trois chefs en 44 ans...) devait céder la place aux partis «bourgeois». Aucun des dirigeants de ces partis n'avait eu l'occasion de gouverner. Le souvenir du dernier ministre conservateur remontait à 1930... : «Quand les «bourgeois» arrivèrent au pouvoir, ce fut pour Olof Palme comme un coup d'Etat. La situation était si étrange que les nouveaux ministres avaient le sentiment d'être des usurpateurs, de s'être installés dans une maison qui ne leur appartenait pas.» (Entretien avec Stig Ramel, directeur de la fondation Nobel) (1). Les trois partis avaient en commun de prôner la libre entreprise : sans limites pour le Parti modéré; sous un contrôle plus ou moins contraignant pour les deux autres.

La nouvelle majorité aura à faire face aux conséquences de la crise pétrolière de 1973, à la crise de l'économie mondiale qui caractérise cette période. Les trois partis présideront à la restructuration de l'industrie lourde suédoise : sidérurgie, mines, chantiers navals menacés par la concurrence brésilienne et sud-coréenne; il leur reviendra de nationaliser plus d'entreprises en difficulté que tous les gouvernements sociaux-démocrates réunis... Ils se retiendront de mettre gravement en cause le système de protection sociale. Ils soutiendront la politique de plein emploi au prix d'un fort endettement. Ils prendront la décision, pour relancer les exportations, de dévaluer la couronne suédoise; ils se diviseront sur la mise en oeuvre du programme de développement de l'énergie nucléaire. En six ans, ils seront conduits à former quatre gouvernements. Ils se retireront après les élections législatives de 1982. Avec le retour au pouvoir d'Olof Plame, l'histoire interrompue reprenait son cours…

En 1969, lors de notre entretien, Gösta Bohnan, alors président du Parti conservateur, avait vu juste : «Au cas où le Parti social-démocrate perdrait la majorité, il est certain qu'il ne pourrait y avoir un changement fondamental dans la politique suédoise.» (2) Son langage, aujourd'hui, est différent. Il pense qu'un changement profond est devenu possible : «La situation économique ne cesse d'empirer; le secteur productif décline; le secteur improductif s'est accru; au cours des dix dernières années, les salariés n'ont rien gagné. C'est la politique de la libre entreprise qui a fait la prospérité de la Suède. La social-démocratie suédoise et les pays socialistes, c'est la même chose; nous le dirons pendant la campagne électorale. Les anciens dirigeants social-démocrates cherchaient l'entente; ils étaient des hommes de consensus. Palme était plus idéologique, c'était un homme de rupture. A partir de 1970, le mouvement ascendant de l'économie suédoise s'est cassé; nous sommes maintenant en queue des pays de l'O.C.D.E.» (Notre entretien.)

Le programme du Parti modéré comporte la privatisation et la déréglementation généralisée. Il faut encourager les faibles à s'aider eux-mêmes et dans la famille et faire en sorte que les forts puissent aider les faibles: «Donner une retraite à tout le monde, c'est ridicule; il faut en donner à ceux qui en ont besoin…» (id.) Que chacun puisse choisir son médecin, construire sa maison là où il l'entend; rendre aux parents la liberté de choix des études de leurs enfants; rétablir les notations et les diplômes à l'école : «Nous voulons la liberté partout.» (id)

Birgit Friggebo, député, fut ministre du Logement; elle est la secrétaire générale du Parti libéral. Elle pense que le développement inconsidéré du secteur public (35 à 40% des emplois) a limité et entravé celui du secteur privé; le développement du secteur public a engendré une pénurie de main-d'oeuvre qui, à son tour, a alimenté l'inflation : «Ce qui nous différencie de la social-démocratie, c'est que nous voulons que l'enseignement, la santé, les crèches soient produits par plusieurs acteurs et qu'il y ait une compétition pour plus d'efficacité et de liberté de choix. Parce que tout le monde doit pouvoir obtenir les mêmes services, il doit y avoir un financement pour la production de ces services, tandis que les sociaux-démocrates veulent garder la production de ces derniers dans le cadre des municipalités, des régions et de l'Etat.

«Ce qui nous différencie des modérés, c'est l'attitude à l'égard des plus pauvres et la politique familiale qui touche la question de l'égalité entre les hommes et les femmes. Plus on subventionne la mère au foyer, plus on en rend celle-ci prisonnière et plus le niveau des salaires doit être attractif pour l'inciter à ce qu'elle revienne sur le marché du travail. Nous observons un important changement de mentalité en Suède : l'augmentation de l'individualisme et du respect de l'individu au détriment de l'influence collective.» (Notre entretien.)

Le mot Egalité ne figure pas dans les textes du Parti modéré; il est évoqué dans le programme du Parti libéral sous la forme «Egalité par l'égalisation des possibilités de développement». Le programme du Parti du Centre s'y réfère : «La politique économique doit viser à (...) l'égalité des revenus et des niveaux de vie.»

Ake Pettersson, secrétaire général du Parti du Centre, ne pense pas que le gouvernement bourgeois auquel il a participé (1980) ait été un échec : «Nous sommes arrivés à un mauvais moment; nous sommes parvenus à contenir le chômage à un taux de 3,2%, c'est-à-dire très en dessous des taux de chômage des autres pays de l'O.C.D.E» Le Parti du Centre met l'accent sur la décentralisation : «En Suède, ce sont les petites unités industrielles qui représentent le renouveau.» Le Parti du Centre est prêt à participer à un gouvernement non socialiste : «La politique fondamentale de sécurité sociale ne sera pas mise en cause; par contre la couche supérieure des revenus aura plus de libertés.» (Notre entretien.) Le Parti du Centre oppose à la loi de codétermination dans le travail dont la mise en oeuvre relève des directions syndicales, «la détermination de l'individu privé»; il proteste contre les adhésions collectives à un parti politique, visant par là l'adhésion collective au Parti socialiste organisée par la Confédération du travail (L.O.) (3).

Le Parti démocrate-chrétien donne «la priorité au mariage sur les autres formes de vie commune». Les jardins d'enfants et les écoles doivent être basés sur la conception chrétienne de l'homme. Les choix des parents doivent être respectés : «En conséquence, les groupes de parents, les associations non lucratives et les églises doivent recevoir de l'Etat les fonds nécessaires à l'organisation de leurs propres écoles.» En cas de succès aux élections législatives, les élus du Parti démocrate chrétien pourraient s'allier avec le Parti libéral.

En dehors des partis politiques qualifiés de «bourgeois», le Parti des Verts est un nouveau venu au Parlement : 5,5% des suffrages en 1988. Son programme de production écologique et d'un usage intelligent des ressources ne diffère pas des programmes du même type en Europe; il s'oppose à la construction d'un pont entre la Suède et le Danemark; il demande le démantèlement des «fonds salariaux» au bénéfice de «fonds autonomes» destinés à financer des initiatives locales, à exploiter en coopératives des entreprises menacées de fermeture ou mises en vente. Les Verts s'opposent à l'entrée de la Suède dans le Marché commun.

La Suède avait été jusqu'à ce jour exempte des mouvements populistes qui ont marqué la vie politique au Danemark et en Norvège. Le Parti de la Nouvelle démocratie tente de jouer ce rôle : baisse des impôts, baisse des prix alimentaires, réduction de la bureaucratie, de l'immigration et de l'aide au développement; tous éléments qui sont de nature à séduire la partie de l'électorat la moins politisée.

Notes

---

1. En 1970, Stig Ramel était le directeur de l'Association des exportateurs suédois.

2. Gösta Bohman fut ministre pendant cette période «bourgeoise».

3. Le nombre d'adhérents affiché est de 150.000 pour le Parti modéré, 46.000 pour le Parti libéral, 250.000 pour le Parti du Centre. Chaque parti comporte une organisation féminine, de jeunes, d'étudiants, d'éducation, etc.

Résultats aux élections parlementaires 1976-1988

	Pourcentage des votes					Sièges aux Parlement				
	1976	1979	1982	1985	1988	1976	1979	1982	1985	1988
<u>Partis non socialistes</u>										
Parti modéré *(Moderata Samlingspartiet, M)*	15,6	20,3	23,6	21,3	18,3	55	73	86	76	66
Parti libéral *(Folkpartiet Liberalerna, FP)*	11,1	10,6	5,9	14,2	12,2	39	38	21	51	44
Parti du centre *(Centerpartiet, C)*	24,1	18,1	15,5	12,4[2]	11,3	86	64	56	44[3]	42
<u>Partis socialistes</u>										
Parti social-démocrate *(Socialdemokratiska Arbetare-partiet, S)*	42,7	43,2	45,6	44,7	43,2	152	154	166	159	156
Parti de gauche *(Vänsterpartiet, V)*	4,8	5,6	5,6	5,4	5,9	17	20	20	19	21
<u>Autres</u>										
Les Verts de Suède *(Miljöpartiet De Gröna, MP)*	—	—	—	—	5,5	—	—	—	—	20

[1] En mai 1990, le parti a modifié son nom en Parti de gauche
[2] Y compris 2,3 % pour le Parti chrétien-démocrate *(Kristdemokratiska Samhällspartiet, KDS)*, inscrit sur la même liste électorale que le Parti du centre en 1985
[3] Y compris un siège du KDS

CHAPITRE 21

LES PARTIS «SOCIALISTES»

On peut vivre et mourir dans le giron du mouvement ouvrier suédois. Après les soins nécessités par la naissance et la petite enfance qu'assurent les services publics, tout jeune Suédois(e) peut rejoindre l'organisation social-démocrate des Jeunes Faucons; puis celle de la Jeunesse social-démocrate; à l'âge adulte, selon le sexe et les convictions, la Fédération nationale des femmes social-démocrates, l'Association des sociaux-démocrates chrétiens ou la Société de tempérance des ouvriers. Chacun(e) peut compléter ses études par l'Ecole par correspondance ou suivre les cercles d'études de l'Association pour l'éducation des travailleurs.

Il faut penser à se loger. L'Association nationale des locataires (415.000 membres) peut vous aider. Pour qui décide d'être propriétaire ou copropriétaire, l'Association coopérative d'épargne et de construction (600.000 membres) et la Coopérative ouvrière de construction qui gèrent à ce jour 250.000 logements, vous seront de bon conseil.

Il faut penser à s'assurer : c'est l'affaire de la compagnie d'assurance coopérative Folksam; pour se nourrir, les magasins coopératifs Konsum; pour se distraire, les 700 Maisons du Peuple et 160 parcs d'attraction; pour voyager l'agence de voyage Reso. Puisqu'il faut vieillir, l'Association nationale des retraités (400.000 membres) vous tend les bras... S'il faut mourir, Fonus est là avec 240 agences funéraires qui fournissent cercueils, obsèques et pierres tombales...

Avec le temps, les associations coopératives ont perdu leur

caractère originel pour s'inscrire dans le système général des services. Les publications de l'ensemble de ces associations d'influence social-démocrate compteraient quotidiennement 1,5 million de lecteurs. Le journal du soir, *Aftonbladet*, propriété des syndicats ouvriers, a un tirage annoncé de 425.000 exemplaires.

En 1970, le Parti social-démocrate comptait 907.000 adhérents, dont 600.000 par l'intermédiaire de l'organisation syndicale affiliée au parti. Les chiffres actuels sont légèrement supérieurs : un peu plus d'un million d'adhérents, dont 700.000 par l'intermédiaire du syndicat.

Depuis de nombreuses décennies, les partis politiques «bourgeois» protestaient contre le système d'affiliation collective qui attentait, dans les faits, à la liberté des individus : une partie de la cotisation syndicale était versée automatiquement à la trésorerie du Parti social-démocrate. Selon L.O., l'adhésion collective garantissait l'influence syndicale sur la politique du parti. Nils Asbjorsen, dans l'étude déjà citée (1987), estimait que 30% des membres de L.O. n'accordaient pas leur «préférence politique» au Parti social-démocrate (1). En 1987, le congrès du Parti social-démocrate décidait de renoncer à l'adhésion collective. L'adhésion serait individuelle. Le processus devrait être achevé le 31 décembre 1991. Selon la confédération ouvrière, la période de transition devrait être marquée par une activité intense de recrutement et la mise en place de nouvelles structures «qui permettront la création de sections social-démocrates d'entreprise; les organisations syndicales chercheront, de toute évidence, à obtenir l'adhésion la plus large au parti» (2).

Il apparaît que le recrutement rencontre plus de difficultés que prévu : «Il faut maintenant persuader les travailleurs individuellement de devenir membre du parti. C'est très difficile. On peut craindre qu'un tiers seulement des adhérents actuels au parti par l'entremise des syndicats donnent leur adhésion individuelle.» (Entretien avec Urs Hauser.) (3) Si tel était le cas, ce serait pour le Parti social-démocrate une perte de quelque 460.000 adhérents.

Le prélèvement effectué précédemment sur la cotisation syndicale n'ayant plus d'objet, L.O. ne s'interdit pas d'aider financièrement le parti. Une section syndicale peut décider de l'octroi d'une subvention. Cette procédure aussi rencontre des résistances : «A la mine de Malmberget, le conseil d'administration du syndicat avait décidé de voter une allocation globale au Parti social-démocrate. Des mineurs informés, ont réclamé une assemblée générale de tous les travailleurs. Ceux-ci ont voté à l'unanimité contre cette subvention.» (Conversation à Umea.)

Cette coupure entre le Parti social-démocrate et ses plus fidèles soutiens inquiète. Cette inquiètude n'est pas absente des travaux préparatoires du dernier congrès (1990) qui proposent de réexaminer le mode de fonctionnement et les objectifs du parti. Le fonctionnement parce que l'exercice du pouvoir a bureaucratisé et vieilli le parti : «L'âge moyen de nos adhérents est élevé, les procédures de réunion et les activités sont désuètes. La social-démocratie s'identifie avec les institutions plutôt qu'avec le peuple (...). Les organisations du parti sont surdimensionnées et les bureaucraties municipales doivent être brisées.» (4) On désire réduire «la distance entre les adhérents et la direction» (5).

Réexaminer les objectifs, parce que les résultats de l'activité précédente autoriseraient le passage à une étape supérieure. Après le quantitatif, le qualitatif. Le mouvement ouvrier a lutté pour l'égalité quantitative entre les classes. Cette lutte «reste nécessaire pour surmonter les mécanismes inégalitaires inhérents à la production et à la formation du capital» (6); mais aujourd'hui, «alors que la société suédoise a atteint un niveau matériel élevé, avec un secteur public avancé» (7), on doit se fixer des objectifs moins étroitement «classistes», répondre aux questions de tous ordres qui touchent la dignité humaine - par exemple la bioéthique; promouvoir la libération de l'individu dans le travail et la vie politique et aussi sa responsabilité : «Davantage de gens doivent pouvoir choisir leurs heures de travail, pouvoir changer de métier et se développer dans leur métier (...). Chacun d'entre nous doit assumer une responsabilité active envers lui-même et ses proches». En même temps que le parti met l'accent sur ces objectifs humanistes, il cherche à élargir son recrutement et son audience : «Le Parti social-démocrate n'est plus un parti ouvrier; c'est aujourd'hui un parti de tous les groupes sociaux.» (Entretien avec

Jan Olsson.) Les travaux préparatoires au congrès tendent à accentuer ce caractère.

Le Parti de gauche (communiste) de Suède a cette caractéristique d'être vilipendé ou méprisé par des dirigeants sociaux-démocrates qui estiment cependant préférable que le Parti de gauche obtienne 4% des suffrages plutôt que 3,99% aux élections législatives. Avec 4% des suffrages et une vingtaine de sièges «communistes», le gouvernement social-démocrate peut compter sur une majorité parlementaire pour ses projets sociaux. Avec 3,99% des voix, le Parti de gauche n'aurait aucun siège et la vingtaine de sièges «libérés» seraient partagés entre les autres formations, à la proportionnelle : le Parti social-démocrate pourrait obtenir une dizaine de sièges supplémentaires, mais risquerait d'être définitivement minoritaire. Sur les dix-huit élections législatives qui ont eu lieu depuis 1936, le Parti social-démocrate n'a obtenu qu'à deux reprises la majorité absolue des suffrages (1940 et 1968).

Le Parti des communistes suédois est né d'une scission, au printemps 1917, à l'intérieur du Parti social-démocrate; la minorité constitua le Parti social-démocrate de gauche, puis se rallia à la IIIe Internationale. «En 1944, nous avions adhéré au programme d'après-guerre du Parti social-démocrate que celui-ci abandonna. En 1964, nous avons rompu avec le marxisme-léninisme et le centralisme démocratique. Nous avons pris le nom de Parti de gauche (communiste); c'était un compromis entre nos deux courants d'origine: le socialisme de gauche et le communisme. Notre dernier congrès (1990) a décidé de rédiger un nouveau programme. Nous avons arrêté notre nom : Parti de gauche. Des non-membres du parti peuvent participer à nos réunions locales et de district et figurer sur nos listes de candidats aux élections législatives. C'est donc un processus qui avance en vagues poussées évidemment par les événements internationaux.» Selon le Parti de gauche, «l'internationalisation du capital a été si loin qu'il est maintenant très difficile de construire le socialisme dans un seul pays. Le capital transnational s'oppose aux demandes écologiques et sociales par des menaces de contre-mesures; les gouvernements sont contraints de s'incliner tant qu'ils agissent séparément. (...) Nous devons créer de nouvelles formes de coopération.» (id) La Communauté européenne telle qu'elle est, ne répond pas à cette demande (Entretien avec Maud Sundquist, secrétaire internationale du Parti de gauche.)

Notes

1. L.O. et la social-démocratie, L.O. 1988, p. 12.

2. Id., p. 13.

3. Urs Hauser était en 1970 membre de la section internationale de L.O. Il est actuellement membre de la commission conjointe L.O.-T.C.O. pour l'Aide au développement.

4. Sommaire du rapport présenté par la commission préparatoire au congrès du Parti social-démocrate, dactylographié.

5. Id.

6. Id.

7. Id.

CHAPITRE 22

ABSENTEISME ET PLEIN EMPLOI

«Dans notre société, les dimensions morales sont mises en avant. Ce qui s'exprime dans le fait que le chômage n'a jamais été accepté comme un moyen de lutter contre l'inflation ni comme un fait social normal. Il existe une grande unité de vue sur ce point; ce sont des valeurs que nous voulons sauvegarder.» (Entretien avec Bo Jangenäs, direction de l'Agence nationale pour l'emploi.)

Un emploi à sa mesure est un droit pour tous, que l'on soit bien portant ou handicapé. Le gouvernement suédois consacre 4% du produit national brut à cet effet. L'aide à la création ou au maintien de l'emploi doit l'emporter sur l'aide en argent. Les deux tiers des crédits sont consacrés à divers programmes dont les subventions sélectives à l'industrie. Au début de l'année 1991, le taux de chômage déclaré était de 1,6% de la force de travail de 16 à 65 ans (3% pour la tranche d'âge 16-24 ans). La conséquence la plus visible du plein emploi suédois est l'absence de désoeuvrement dans la rue et la faiblesse relative de la délinquance.

Selon une statistique publiée par la confédération patronale, on a compté, en 1988, 72.000 chômeurs pour une population active de 4,4 millions de personnes. Mais étaient aussi absents du lieu du travail 153.000 personnes, en stage de formation et autres formes d'activité de l'A.N.P.E.; 347.000 retraités par anticipation; 128.000 bénéficiaires de congés parentaux; 300.000 absents pour raison de santé. Au total, un million d'absences pour une population active théorique de 4,4 millions de personnes (1). «Dans certaines industries mécaniques, nous observons un taux d'absence de 25% à 30%. D'où la nécessité d'avoir un volant de main-d'oeuvre de 25%. Ceci, naturellement, est très mauvais pour nos coûts et nos prix à l'exportation.» (Entretien avec Erik Belfrage, directeur de la Skandinaviska Enskilda Banken.)

L'absentéisme est plus élevé parmi les bas salaires que les hauts salaires, parmi les ouvriers que les employés, dans les grandes entreprises que dans les petites. «Le Conseil général du grand Stockholm, qui a la charge de la santé et emploie dans ce secteur 90.000 personnes, enregistre chaque jour, en moyenne, 27.000 absences. Ce peut être pour des raisons de santé, les congés parentaux, les congés pour étude... Les médecins sont absents dix jours par an pour cause de maladie; l'infirmière est absente pendant vingt jours; l'aide-infirmière quarante jours; les téléphonistes soixante jours; le personnel d'entretien (des immigrés) quatre-vingts jours par an.» (Entretien cité avec Bo Södersten.) Les absences pour cause de maladie, qui étaient en moyenne de 19,6 jours par salarié en 1983, ont été de 26,1 jours en 1988, soit une augmentation de 33% en quatre ans. On constate depuis 1983 une augmentation sensible des longues maladies (plus de vingt jours) (2).

L'organisation de la santé nourrirait l'absentéisme à la fois par sa générosité et par ses lacunes. Quand il suffit d'informer téléphoniquement sa caisse d'assurance pour s'autoriser à rester chez soi durant une semaine sans avoir à fournir de certificat médical, il faut beaucoup de vertu pour y renoncer. La mesure récente réduisant de 90% à 60% le remboursement des trois premiers jours d'absence devrait, espère-t-on, freiner les rhumes ou les fatigues du lundi. Le fonctionnement du service de santé aurait sa responsabilité: «Si vous êtes malade, le médecin du centre de santé qui vous reçoit vous est le plus souvent inconnu; il a votre dossier à la main; si votre état nécessite le recours à un spécialiste, cela peut demander une attente de six mois à un an; s'il faut opérer, l'attente peut être de deux ans à deux ans et demi pour une opération de la hanche; plus grave encore s'il s'agit d'une opération cardiaque; donc les patients en attente soit d'un spécialiste, soit d'un chirurgien, restent à domicile, en longue maladie, avec la quasi-totalité de leur salaire; ceci coûte une fortune à la sécurité sociale.» (3) (Conversation à Stockholm.)

L'absentéisme est plus marqué aux extrémités de la vie active. Les jeunes peuvent être déçus par le travail qu'ils rencontrent au sortir de l'enseignement: pourquoi étudier si longtemps pour effectuer une tâche dont l'apprentissage demande quelques jours ou quelques semaines ? Chez les plus âgés - la retraite à taux plein est fixée à 65 ans - c'est la fatigue qui provoque les absences et conduit bientôt à la retraite anticipée.

Pour Bo Södersten, l'absentéisme actuel en Suède pourrait être mis en relation avec une crise morale d'une partie de la société. Cette crise morale aurait été déclenchée par les événements du début des années quatre-vingt. En 1981, le gouvernement «bourgeois» du moment décidait de dévaluer la monnaie suédoise de 10%; l'année suivante, le gouvernement social-démocrate qui lui avait succédé, ajoutait une dévaluation de 16% afin de rendre compétitives les industries exportatrices suédoises. Les exportations s'accrurent de 25% en 1983. Les sociétés firent des profits énormes. Il s'en suivit un «boom» financier qui permit les spéculations les plus effrénées dont bénéficièrent ceux qui possédaient déjà quelque chose : propriétés ou actions. On vit naître en quelques années des milliardaires; la richesse ancienne était discrète; la nouvelle était ostentatoire (4) : «La seule façon pour ceux qui ne peuvent profiter d'une augmentation de capital, que ce soit en bourse ou sur sa propriété, c'est de profiter de jours de congé d'autant plus fréquemment que le métier est moins motivant.» (Notre conversation.)

En raison de l'importance de l'emploi féminin, la Suède garde cependant un des taux d'activité globale le plus élevé du monde (5).

Notes

---

1. Document S.A.F. n° 1092.

2. «Les arrêts maladie de longue durée et les retraites anticipées sont en augmentation rapide provoquées par les postures de travail inconfortables, les

gestes répétitifs et brefs, les tâches monotones, les mouvements standardisés.» (*Enrichissement et valorisation des tâches professionnelles*, L.O. 1991, p. 12.)

3. La densité médicale en Suède est légèrement supérieure à la densité médicale en France : 2,5 médecins pour 1.000 habitants en Suède (1985) et 2,2 médecins pour 1.000 habitants en France (1986). Selon *Statistics Sweden*, 45 % de la population suédoise aurait un médecin de famille (p. 192).

4. Lars Strängh, président d'une association d'employeurs, déjà cité, fait une remarque identique : «La Suède a été transformée en deux ans en Wall Street. On a fait des fortunes; on a vu des jeunes milliardaires dans un pays social-démocrate. L'ouvrier qui a vu cela est devenu amer.» (Notre entretien.)

5. Pour une étude critique de la politique de protection sociale en Suède, voir Lionel-Henri Groulx, *Où va le modèle suédois* ? L'Harmattan et les Presses de l'Université de Montréal, juillet 1990.

CHAPITRE 23

LES MULTINATIONALES

«Le problème aujourd'hui le plus important, c'est le problème des sociétés multinationales. La coopération internationale entre capitalistes est facile; il suffit d'un vol d'avion, d'un coup de téléphone, d'un chèque bancaire et la coopération est faite (...). Le capitalisme international est un grand danger parce que les capitalistes ont plus de pouvoir que les Etats...»

Curieusement, cette charge d'Olof Palme contre les société multinationales prononcée en 1973 (1) ne s'adressait pas aux multinationales d'origine suédoise mais aux multinationales d'origine étrangère présentes en Suède. Dans *Le Rendez-vous suédois,* publié trois ans plus tard, il confirme que c'est bien là l'orientation de son propos : «Nous pouvons tenir tête aux sociétés multinationales ou plutôt les maintenir dans des limites raisonnables.En ce qui nous concerne, ces sociétés sont peu implantées dans notre pays.» (2)

C'est un fait d'observation que les programmes des partis politiques suédois parlent peu des multinationales suédoises. Dans une certaine mesure, Electrolux, Ericsson, Volvo, Saab-Scania concourent au prestige national...

Si les multinationales suédoises figurent dans le projet de programme du Parti social-démocrate (1990), c'est dans la phrase suivante : «La social-démocratie est prête à explorer de nouvelles formes d'influence des travailleurs en relation avec les activités transnationales de l'entreprise suédoise et est aussi prête à faire des demandes spécifiques aux compagnies d'autres pays qui entrent sur notre marché du travail.» La loi de codétermination dans le travail ne peut, par exemple, exercer son influence que sur la part suédoise de l'activité d'une multinationale d'origine suédoise. Or, l'emploi en Suède n'est que de 20% de la totalité des emplois pour les multinationales Atlas-Copco, Electrolux, Saab-Scania; de 19% pour A.S.E.A; de 11% pour S.K.F.

En 1970, les sociétés multinationales suédoises employaient approximativement 200.000 personnes dans leurs entreprises à l'étranger; 330.000 en 1985; 400.000 en 1989 (3); plus de 500.000 en 1991, dont 45% dans les pays du Marché commun et 16% aux Etats-Unis (4).

En 1985, les investissements directs suédois à l'étranger représentaient environ 10% de l'investissement des industries suédoises en Suède; quatre ans plus tard, ils en représentaient 28%. Cette expansion rapide a été rendue possible par la déréglementation des changes, la levée des restrictions sur l'achat d'actions étrangères et de biens immobiliers à l'étranger, l'autorisation de l'investissement direct, bref un encouragement à la Guizot: «Enrichissez-vous !»

Au cours de la seule année 1989, selon le rapport annuel de la société d'investissement Investor (Président : Peter Wallenberg), Ericsson (télécommunications) a conclu un accord avec General Electric et Bell Telephone (Etats-Unis); Electrolux (appareils ménagers) a acheté une société en Allemagne et implanté deux usines aux Etats-Unis; Skandia (assurances) a acheté trois sociétés d'assurances aux Etats-Unis, une en Norvège, en Angleterre, au Danemark et quinze propriétés immobilières à Londres, dont «trois dans le centre», précise-t-on; Alfa-Laval (séparateurs) a acheté sept compagnies en Europe et aux Etats-Unis. Atlas-Copco (engins pour l'industrie minière et les travaux publics) a acheté une compagnie de même nature aux Etats-Unis, une au Chili, une en Corée du Sud, etc. On connaît les accords Volvo-Renault, Volvo-Mitsubishi, Saab-General Motors, Scandinavian Airlines et Swissair, etc.

Ce mouvement d'internationalisation de l'industrie suédoise est irréversible : «Les productions de nos grandes sociétés n'ont pas d'avenir en Suède.» (Entretien avec Magnus Lemmel, président de la Fédération des industries suédoises) «Je suis personnellement persuadé que l'avenir appartient à ce genre d'entreprises, capables de s'internationaliser, de faire de la production et de la vente dans plusieurs pays. On peut être fiers et satisfaits d'avoir un si grand nombre de ces entreprises, ici en Suède, et, je dirais, dans cette maison, parce que notre groupe a une certaine importance dans ce domaine (5). La force de ces entreprises est d'être moins sensibles aux changements de conjoncture; il y a toujours un, deux, trois marchés sur lesquels on peut se «rattraper» quand les temps sont difficiles. Si, à un moment, la conjoncture est faible en Suède, elle peut être meilleure ailleurs.» (Conversation citée avec Erik Belfrage.)

Pour Bo Henning, président de la section syndicale et membre du Conseil d'administration d'Atlas-Copco, «il faut être là où est le marché. Certes, l'internationalisation fait courir des risques à chaque pays, à chaque compagnie, aux gens de la compagnie. On peut aussi voir cela d'une autre façon; nous regardons les possibilités, pas les problèmes... Si des différences de rémunérations pour des gens qui travaillent plus ou moins de la même façon conduisent à transférer une production à Hong-Kong ou en Corée du Sud, à la fin cela conduit à l'internationalisation du mouvement syndical pour l'application du principe : «A travail égal, salaire égal». Si on parle de l'Europe, chaque pays membre du Marché commun devra parvenir aux mêmes conditions de l'emploi». (Notre entretien cité.)

J'avais noté en 1970 la désinvolture avec laquelle l'administrateur général de Alfa-Laval parlait des hommes politiques et des gouvernements qui «persistent à ne considérer tous les problèmes que dans la perspective de termes rapprochés dans le but de rester au pouvoir et de gagner suffisamment de voix aux prochaines élections». Il apparaît que, vingt ans après, on s'est avancé au-delà de cette désinvolture.

C'est le sens de cet extrait du rapport présenté le 9 mars 1989 par Tom Wachtmeister, président-directeur général d'Atlas-Copco, devant l'assemblée générale des actionnaires : «Ces dernières années, le système politico-économique suédois a été l'objet de critiques en Suède et à étranger. Alors que la Suède a incontestablement une économie de marché et que l'industrie, pour une part écrasante, est dans des mains privées, le secteur public reste démesuré et inefficace en raison de l'incapacité des dirigeants politique *-soucieux avant tout de gains politiques à court terme-* [souligné par moi. J.A.] de réduire la surabondance administrative (...) Les dirigeants d'Atlas-Copco et la majorité (bien que déclinante) de nos actionnaires en Suède, ressentent le besoin impérieux de faire connaître aux dirigeants politiques leurs inquiétudes devant les dangers que présentent ces tendances. Nous le faisons par des contacts personnels aussi bien que par des canaux appropriés. C'est mon sincère espoir [d'être entendu]. En même temps, il doit être clair pour nos actionnaires à l'étranger aussi bien que pour les analystes et les autres parties intéressées, que nos liens économiques avec la Suède sont moins importants qu'on ne pourrait le penser. Aujourd'hui, Atlas-Copco est une véritable compagnie internationale. Nos ventes en Suède représentent moins de 8% de nos factures. Nos employés en Suède représentent 20% de nos effectifs globaux et la part de la Suède dans nos activités manufacturières a été réduite, pas à pas à 20% de la valeur de notre production totale. Le Marché commun européen est devenu notre marché domestique. Nous sommes aujourd'hui moins dépendants que jamais des caprices de l'économie et de la politique suédoises. Atlas-Copco doit être alors évalué selon les mérites qui sont les siens sur les marchés internationaux sans tenir aucun compte des hauts et des bas de la Suède en tant que nation.»

C'est à l'étranger que les sociétés multinationales suédoises font leurs plus hauts profits. L'unité de production la plus efficiente d'Atlas-Copco est à Gand. En raison du haut degré de chômage en Belgique. Non pas parce que le chômage permettrait de payer des salaires inférieurs, mais parce qu'il permet de sélectionner la main-d'oeuvre la plus efficace. Tout se passe comme si certaines des grandes multinationales d'origine suédoise étaient préparées à se détacher de la Suède si les autorités politiques suédoises ne répondaient pas à leur attente.

La société Ikea qui fait flotter le drapeau suédois sur ses magasins - la plus suédoise entre les suédoises - a transféré son siège pour des raisons fiscales en Hollande. Son créateur et président, Ingvar Kamprad, vit à Londres. Le siège de Tetrapak est à Lausanne; les fils de l'inventeur, Ruben Rausing, décédé, gèrent la fortune familiale par l'intermédiaire d'une fondation dont le siège est au Liechtenstein et vivent en Grande-Bretagne.

Erik Belfrage ne partage pas cette inquiétude : «Je crois qu'il ne faut jamais oublier que la grande majorité de nos sociétés internationales sont suédoises pour le bien et pour le mal, mais que ce sont des entreprises culturellement vraiment suédoises; chaque entreprise a encore une culture propre et on ne change pas ce genre de culture du jour au lendemain; très souvent on découvre que c'est la culture de l'entreprise elle-même qui est le facteur le plus important de sa réussite. Je suis personnellement convaincu que même si nous allons vers une plus grande internationalisation, la centrale sera toujours ici en Suède. C'est de la centrale que vient la culture. Même si nous avons du personnel non suédois, dès lors que la centrale est en Suède, ce personnel s'adapte à la culture suédoise.» (Entretien cité.)

Depuis le propos d'Olof Palme, les compagnies étrangères ont développé leurs activités en Suède. La politique de solidarité des salaires contenant les salaires des ouvriers les plus qualifiés, leur aurait été parfois favorable. L'effectif global des emplois des compagnies étrangères en Suède avoisine les 200.000. Les principaux investissements au cours des dernières années, ont été le fait de la Finlande et de la Norvège. La fusion en 1988 de la société mécanique suédoise A.S.E.A et du groupe suisse Brown Boveri a placé la Suisse au premier rang des investisseurs étrangers en Suède (48.000 emplois), suivie par les Etats-Unis (28.000), la Finlande (27.000), la Grande-Bretagne (21.000).

Des règlements protectionnistes anciens font encore obstacle à l'investissement étranger.

Notes

1. Olof Palme, *Entretien avec Maurice Duverger*, Radiodiffusion française, 21 mars 1973.

2. Olof Palme, *le Rendez-vous suédois*, Paris, Stock, 1976, p. 115.

3. Etudes économiques de l'O.C.D.E., Suède, 1990-1991, p. 27.

4. *L'industrie suédoise,* Institut suédois, janvier 1991.

5. Il s'agit de la Skandinaviska Enskilda Banken et du groupe Wallenberg.

CHAPITRE 24

EXPECTATIVES

«Je suis né en 1939. J'ai vécu l'âge d'or. Notre génération a vécu l'âge d'or du «modèle suédois». Nous étions peu nombreux en raison de la faible natalité héritée de la Première Guerre mondiale; nous avons bénéficié d'une très bonne éducation, ici, à l'université de Stockholm. Tout a été simple pour nous. Nous avions presque tous un profond intérêt pour le service public. Le changement politique actuel, c'est pour nous un choc émotionnel. Le gouvernement serait aux frontières de privatiser ce secteur public. J'entends dire qu'il faut faire cela parce que l'Etat et les communes ne peuvent plus augmenter les impôts. Et aussi pour entrer dans l'Europe... Nous avons eu en Suède une période de consensus unique; si l'on étudie l'histoire de la Suède, les Suédois ont toujours eu une attitude positive en ce qui concerne l'Etat. En Norvège, au Danemark, en Finlande, en Angleterre les individus sont presque immédiatement négatifs si l'on parle de l'Etat. En Suède, non. Depuis Gustav Vasa, les Suédois ont un fonds de loyauté, de solidarité envers l'Etat dont le Parti social-démocrate a hérité. Maintenant que les social-démocrates semblent si ouverts aux propositions de changer le «modèle suédois», qu'arrivera-t-il ?» (Entretien avec Anders Clason, directeur de l'Institut suédois.)

En 1970, la multiplicité des conflits sociaux - en particulier la grève des mineurs du Kiruna - avait choqué... Mais on ne doutait pas de l'avenir. En 1991, «nous sommes un peu désemparés. L'augmentation des salaires est inexistante, la productivité stagne; nous ne sommes plus assurés d'avoir le meilleur système en ce qui concerne les enfants et la santé. Nous devons toutefois garder les proportions : nous restons un pays avancé.» (1) (Entretien cité avec Bo Södersten.)

«Après la guerre, la situation était excellente pour le mouvement ouvrier. Nous avions une croissance rapide et vous pouviez chaque année proposer de nouvelles et bonnes réformes : les pensions, les enfants... Chaque année il y avait quelque chose de nouveau. Aujourd'hui, il n'y a plus de réformes à offrir. Nous en sommes à défendre les acquis; la défensive, cela ne mobilise pas l'opinion.» (Entretien avec Bo Hammar, député du Parti de gauche.)

La proximité des élections législatives ajoute à l'expectative. Divine surprise pour les uns, amertume pour les autres, les sondages donnent à penser que le Parti social-démocrate va à un grave échec. En 1976, un déplacement négatif des suffrages de O,9% l'avait éloigné du pouvoir; mais avec 45,6% des votes, il conservait sa prééminence,; toutefois, l'érosion menaçait : 44,7% des suffrages en 1985, 43,2% en 1988.

On a mentionné la déception qui suivit la dévaluation de 1982 : le parti social-démocrate s'engageant sur la voie d'un libéralisme croissant que le mouvement ouvrier avait toujours combattu. Plus proche, en février 1990, le gouvernement décidait, dans le but annoncé de réduire l'inflation (11%), de bloquer les salaires, les prix et les dividendes et de suspendre momentanément le droit de grève; en octobre, revenant sur ces décisions, il décidait, entre autres mesures, une réduction des prestations d'assurance-maladie; c'était, coup sur coup, mettre en cause deux valeurs du mouvement ouvrier suédois:le droit de grève, le respect des acquis sociaux.

La mise en oeuvre de la réforme fiscale vint ajouter à la perplexité. La fiscalité suédoise était caractérisée par une progression très rapide des tranches d'imposition sur le revenu; un revenu supplémentaire pouvait être très vite amputé de 60% à 70% de son montant. Ce système était de nature à décourager, observait-on, de travailler plus. Le travail au noir y trouvait son fondement. En 1990, le salaire moyen industriel brut suédois avoisinait 12.500 francs par mois . Après impôts, ce salaire industriel moyen était réduit à 7.824 francs.

En raison de la forte progressivité de l'impôt, un revenu double du salaire moyen (25.000 francs) se voyait réduit à 11.745 francs. Avant impôts, la différence entre les deux rémunérations mensuelles était de 12.500 francs; après impôts, cette différence était de 3.921 francs ; la fiscalité suédoise était le moyen le plus simple de réduire les inégalités. Après la réforme fiscale qui, entre autres dispositions, ramène la taxation de la couche supérieure des revenus de 70% à 51%, le salaire moyen industriel net est porté à 9.099 francs, soit un «gain» de 1.275 francs; le revenu supérieur net à 15.686 francs, soit un «gain» de 3.941 francs. La différence entre les deux rémunérations mensuelles, qui était de 3.921 francs avant la réforme, est portée à 6.587 francs. La réforme fiscale ouvre l'éventail des rémunérations que l'on avait jusque-là tendu à refermer.(2)

La réduction des rentrées fiscales basées sur les revenus et les salaires (65 milliards de francs) devait être compensée. Ce sera fait, entre autres moyens, par l'augmentation et (ou) l'élargissement de la TVA (25%) à de nouveaux produits et services qui absorberont, craint-on, les bénéfices de la réforme pour les petits et moyens salaires. Le coût des loyers a été augmenté le 1er janvier de 18% : «Les ouvriers ne reconnaissent plus le parti ! Dans le passé, la campagne électorale pour le Parti social-démocrate était menée dans les entreprises par les militants syndicaux; aujourd'hui, leur participation a largement diminué; ils manquent d'arguments.» (Entretien cité avec Urs Hauser.)

Contrairement aux engagements pris devant une opinion sensibilisée, le plan de cessation d'activité des centrales nucléaires a été suspendu jusqu'à ce que des économies d'énergie et la mise en oeuvre d'énergies de substitution, sûres et économiques, le permettent.

Lors de l'ouverture solennelle du Parlement élu en 1988, le Premier ministre, Ingvar Carlsson, consacrait trois lignes seulement aux relations entre la Suède et la C.E.E. : «Le gouvernement intensifie la coopération avec la Communauté économique européenne dans tous les domaines dans la mesure où celle-ci est compatible avec notre politique de neutralité.» Le gouvernement refusait la demande pressante des industriels d'adhérer à la Communauté européenne devenue, pour reprendre l'expression du président d'Atlas-Copco, «leur marché domestique». Deux ans plus tard, le 12 décembre 1990, le Parlement suédois donnait mandat au gouvernement de négocier une demande d'adhésion au Marché commun.

Cette volte-face a pris l'électorat social-démocrate de court : «Il n'y a eu aucune discussion réelle dans le parti à propos de l'Europe; pas d'analyse; aucune discussion sur les problèmes sociaux, les conditions de vie; comment parvenir à la démocratie en Europe ?» (Entretien cité avec Jan Olsson.)

Aussi doit-on pousser les feux : «Nous pensions que lorsque nous serions à Bruxelles, il serait impossible de conduire une politique sociale; que le projet européen était conservateur alors qu'en réalité, c'est un projet progressiste. Dès lors que le mur de Berlin tombait, l'avenue était ouverte... Nous avons dit : l'Europe est la seule chance pour nous de réaliser notre projet socialiste. Aujourd'hui, pour rencontrer l'autre côté, il faut être dans l'Europe. Il faut rattraper le temps perdu si l'on veut avoir une chance que se matérialisent le plein emploi et l'environnement qui sont les deux choses nécessaires pour réaliser l'égalité du Péloponèse à Trondheim (Norvège). Economiquement, socialement, c'est très naturel d'être partie prenante dans ce qui est aujourd'hui un grand projet de paix.» (Entretien cité avec Jan Karlsson.) (3)

L.O. marque moins d'enthousiasme : avec l'entrée dans l'Europe, que restera-t-il de notre construction sociale ? Notre politique de l'emploi nous a conduit à un taux de chômage très bas : le taux de chômage moyen dans les pays membres de la C.E.E. est de 8%; ceux-ci utilisent ce que nous avons toujours refusé, le chômage comme instrument de compétition... «L.O. suit ses adhérents ouvriers. Les ouvriers de L.O. voteront social-démocrate au plan local; je ne pense pas qu'ils le feront au plan national.» (Entretien cité avec Jan Olsson.)

Les sondages laissent aussi prévoir un abandon de l'électorat jeune. Lors des élections de 1988 déjà, le taux de vote en faveur du Parti social-démocrate parmi les jeunes électeurs était nettement inférieur aux taux observés pour les couches les plus âgées : «Avec l'ouverture du mur de Berlin et la chute des dirigeants communistes, on a entendu ce langage : «Eux aussi, ils sont là depuis plus de quarante ans; cette social-démocratie a toujours été là comme Brejnev était toujours là; maintenant que tout cela tombe, il faut du neuf.» Pour ces jeunes, le Parti social-démocrate et l'establishment, c'est la même chose... Dans le même moment, le parti demandait que l'on se «serre la ceinture»; il a mis en cause les structures que le parti avait inventées comme les structures de Welfare. Alors des membres du parti, des sympathisants ont dit : «Qu'est-ce que l'on est en train de faire du parti ? Il existe une volonté de balayer la social-démocratie. Il y aura des élections, nous allons défendre la société solidaire contre la privatisation à outrance. Il existe aussi une tendance à mettre un signe d'égalité entre la démocratie et le capitalisme. La démocratie n'est pas la propriété privée du capitalisme; ce qu'il y a de démocratie dans le capitalisme est le résultat des luttes sociales auxquelles le Parti social-démocrate a pris part.» (Entretien cité avec Pierre Schori, membre du Parti social-démocrate et secrétaire général du ministère des Affaires étrangères.)

On met en cause les cadres du parti - ceux de trente à quarante ans - qui seraient souvent «des prolétaires aux mains blanches» et qui n'ont jamais exercé de métier (4) Il y aurait un fossé entre cette nouvelle génération de cadres et les sociaux-démocrates de conviction. Les jeunes économistes ont été éduqués dans la conception néo-libérale; ils ont été très influencés par ce qui s'est passé en Europe de l'Ouest...

La social-démocratie est sur la défensive : «La bourgeoisie est agressive parce que le secteur public a des problèmes très évidents; les transferts de la sécurité sociale ont beaucoup augmenté, beaucoup plus qu'il n'est économiquement possible. La social-démocratie doit intervenir. Les néo-libéraux, les tenants de l'économie classique sont aujourd'hui «le soleil levant»... Notre problème est de rendre le service public plus efficace pour sauver l'égalité; pour la droite, la critique du service public n'est que la première étape d'une tentative de «refoulement» du secteur public en attendant la mise en place d'un système de privatisation et le retour de la femme au foyer...» (Entretien avec Jan Karlsson.)

Conséquences des déboires qu'il faut bien enregistrer, le Parti social-démocrate, et plus généralement «la gauche», ont perdu l'initiative : «Dans les années soixante et soixante-dix, le langage politique, la rhétorique étaient définis par un discours venant de la gauche; cette initiative permettait donc de dire ce qu'il était important de discuter, de quelle façon il fallait discuter et toute la langue autour de cela était formulée et définie par la gauche. Nous avons perdu cette hégémonie; on est contraint aujourd'hui de conduire le débat à partir des conditions posées par les définitions de la droite... Les développements à l'Est ont permis à la droite d'accentuer son initiative.» (Entretien avec le professeur Ronny Ambjörnsson, Université d'Umea.)

Avec le temps, le capital historique peut s'effriter : «Les sociaux-démocrates avaient un prestige énorme. C'était le parti qui avait fait le pays. Il ne faut pas oublier qu'ils avaient très bien réussi entre 1932 et 1960. Ce qu'ils avaient fait était vraiment magnifique. Pendant la guerre, Per Albin Hansson (le président du Parti social-démocrate) dirigeait le gouvernement. On pensait que c'était lui qui était parvenu à tenir la Suède en dehors de la guerre. Hansson était aimé. Il est devenu le père de la patrie pour le peuple suédois.» (Entretien cité avec Stig Ramel, directeur de la fondation Nobel.)

Cette perspective d'un échec électoral du Parti social-démocrate n'enthousiasme pas nécessairement tout le patronat : «Avec le Parti social-démocrate, nous étions accoutumés à un parti porteur de la société. Avec ce parti, les accords tenaient. S'il n'y a plus de parti porteur, c'est l'incertitude, les changements d'avis, l'indécision.» (Entretien avec Magnus Lemmel, président de l'Association des industries suédoises.)

Elle n'altère pas plus la sérénité et la conviction de Margot Wikström, maire social-démocrate de Umea : «Je crois que la Suède est en train de se déplacer vers le centre, ce qui nécessitera plus de compromis. Quant à la politique de bien-être, j'ai la certitude absolue qu'il n'y a pas en Suède de forces politiques capables de la changer.» (Notre conversation.)

Notes

1. En 1988, le produit national brut suédois par habitant, compte tenu des parités du pouvoir d'achat, s'élevait à 14.743 dollars, devançant l'Allemagne fédérale (14.134 dollars), la France (13.377 dollars). La Suède était précédée par les Etats-Unis (19.558 dollars), la Suisse (16.641 dollars), l'Islande (16.087 dollars), la Norvège (15.916 dollars) et le Japon (14.825 dollars). (Source O.C.D.E.)

2. Ce calcul indique seulement un ordre de grandeur et un mécanisme. Il n'est pas tenu compte des parités des pouvoirs d'achat.Selon celles-ci, les prix suédois, en 1990, étaient supérieurs, d'environ 32,6% aux prix français (Source O.C.D.E.). Le prix d'un produit aussi standardisé que le Big-Mac de McDonnald's est de 18,1 francs à Paris et de 26 francs à Stockholm. Le salaire suédois net est ce qui reste au salarié après prélèvement à la source es impôts locaux (30% du revenu) et de l'impôt national sur le revenu s'il y a lieu

3. L'interlocuteur qui s'exprime en français, traduit par environnement un terme suédois dont le sens est plus large que dans l'usage français : il désigne toutes les conditions sociales du travail et de la vie.

4. Cette catégorie de «professionnels de la politique» est en accroissement constant au Parlement : 22% des élus en 1988. Le Parlement suédois se caractérise par l'importance du nombre des élus issus du service public: 45,3%; par la faiblesse permanente de sa représentation ouvrière : 9%; 23,7% des élus sont issus du secteur privé; on compte 9% d'élus issus des professions de l'agriculture, la pêche et les forêts.

TABLE DES MATIERES

www.ingramcontent.com/pod-product-compliance
Lightning Source LLC
LaVergne TN
LVHW010948051026
849532LV00003B/1175